»Alltags verlangt man ein bisschen Esprit«

Zur Autorin

Lydia Schieth, 1952 in München geboren, setzt sich seit Jahren in ihren Publikationen und Ausstellungen mit Fragen der Frauenemanzipation auseinander, darunter *Fürs schöne Geschlecht: Frauentaschenbücher zwischen 1800 und 1850 (1992), Die Frau im Schatten: Helene von Thurn und Taxis (2003), „... durch Anmut allein herrsche das Weib": Schiller und die Frauen (2005), Alles unter einem Hut! 14 Frauen und ihr Leben (2011), Die leise Stimme Berlins: die Lyrik der Mascha Kaléko (2012).*

2012 erschien auch ihr historischer Roman *Aufgeklärt und selbstbewusst? Ein Frauenporträt aus der Napoleonischen Zeit.* Die Kritik lobte die humorvolle Sprache, die lebendigen Dialoge, die das Buch „zu einem echten Lesevergnügen, einem intelligenten historischen Schmöker" machten.

Lydia Schieth war von 1993 bis 2018 Gymnasiallehrerin für Deutsch, Geschichte und Sozialkunde, seit 2011 auch stellvertretende Schulleiterin in Regensburg. Zuvor arbeitete die promovierte Germanistin als wissenschaftliche Mitarbeiterin am Lehrstuhl für Neuere deutsche Literaturwissenschaft der Universität Bamberg.

Bereits seit einigen Jahren widmet sich Lydia Schieth intensiv dem Leben und Werk Theodor Fontanes. Seine aktuelle Bedeutung lässt sie in sechs amüsanten Gesprächen von unterschiedlichen Dialogpartnern erörtern. Das Buch wendet sich speziell an Fontane-KennerInnen und solche, die es werden wollen.

Lydia Schieth

»Alltags verlangt man ein bisschen Esprit«

Sechs Potsdamer Gespräche zum
zweihundertsten Geburtstag von
Theodor Fontane

Bibliografische Information der Deutschen Nationalbibliothek:
Die Deutsche Nationalbibliothek verzeichnet diese Publikation in der Deutschen
Nationalbibliografie; detaillierte bibliografische Daten sind im Internet über
dnb.dnb.de abrufbar.

Illustrationen: Sabine Wild

Titelzitat „Alltags verlangt man ein bisschen Esprit"
aus: Theodor Fontane: Brief an Emilie Fontane, Berlin 29. Mai 1878.
Zitiert nach Theodor Fontane. Briefe in 4 Bänden, hrsg. Von Walter Keitel und
Helmuth Nürnberger, München 1976-1982, Band 2, S. 573.

© 2019 Lydia Schieth
Satz, Umschlaggestaltung, Herstellung und Verlag:
BoD – Books on Demand, Norderstedt
ISBN 978-3-7494-1673-8

Inhaltsverzeichnis

I. Dialog

Im Neuen Garten: Parkbankplauderei zweier Fontane-Bewunderer

Auf einer Bank im Neuen Garten, in der Nähe des Marmorpalais. Ein älterer Herr sitzt allein dort und blickt auf den See. Eine nicht mehr ganz junge Frau stellt ihr Fahrrad ab und nimmt neben ihm Platz. Sie hat zwei große Tüten mit Büchern, die sie auf die Bank legt. Der Herr liest den Namen der Buchhandlung auf einer der Tüten.

Er: Ach, Sie haben in der Buchhandlung Bürgel in Babelsberg eingekauft?

Sie: *(überrascht)* Ja. Sie kennen das Geschäft? Es ist eine kleine Buchhandlung, doch das Fontane-Angebot hat mich erstaunt.

Er: Oh, Sie sind eine Fontane-Leserin?

Sie: Ja, eine begeisterte!

Er: *(mit einer angedeuteten Verbeugung)* Da sind Sie auf einen Gesinnungsgenossen gestoßen.

Sie: Das ist aber schön. Ja, für Bruno Bürgel, den »Weisen von Babelsberg«, den Sternengucker, hätte sich Fontane sicherlich interessiert. Für Originale hatte er ja große Sympathie.

Er: Da bin ich ganz Ihrer Meinung. Die Schwierigkeiten eines Außenseitertums kannte Fontane aus eigener Erfahrung. Er musste sich ja alles mühsam selbst beibringen. Was das für ihn bedeutet hat, können wir nur noch schwer nachvollziehen.

Sie: *(packt ein paar Bücher aus und legt sie neben sich auf die Bank)* Glauben Sie? Nun, wir sicherlich nicht. Aber wenn ich mir die Probleme ansehe, die manche Einwanderer mit dem deutschen Bildungssystem haben, mit unserem Qualifikationswahnsinn – nicht, was du kannst, interessiert, sondern welche Abschlüsse in Deutschland akzeptiert werden – dann denke ich, so weit weg sind wir heute davon nicht.

Er: *(nickt)* Daran habe ich nicht gedacht. Aber Sie haben Recht. Fontane hätte sich das sicherlich gut vorstellen können. Als einfacher Apotheker besaß er in den gebildeten Kreisen der akademischen Ministerialbeamten und Reserveoffiziere keinerlei gesellschaftliche Legitimation. Er wuchs nicht, wie andere, mit Goethe, Homer, Schiller und Vergil auf ...

Sie: *(ergänzt)* ... sondern mit Militäranekdoten des Vaters, der »zehn Studierte in den Sack stecken konnte«, wie Fontane in seiner Autobiographie beschreibt.

Er: Sie sagen es. Fontanes Bildung basierte auf Konversationslexikon, Guckkastenbildern, Balladen, Walter Scott, Lenaus Polenliedern und Apothekerlatein. Und darauf war er stolz. Aber, Entschuldigung, ich langweile Sie sicherlich mit meinen Ausführungen.

Sie: Nein, überhaupt nicht. Ich kann Ihnen nur zustimmen. Das Zufällige seiner Bildung verwundert mich immer, wenn ich in Fontanes »Kinderjahren« lese.

Er: Ja, nicht wahr? Wenn man diese Erziehung mit der Systematik und Pedanterie vergleicht, mit der der kaiserliche Rat Johann Caspar Goethe seinen Sohn gequält hat.

Sie: *(nickt heftig)* Wie sehr hat Fontane versucht, die »sokratische Methode« seines Vaters zu verteidigen! Trotzdem, das Gefühl der Minderwertigkeit ist ihm bis zuletzt geblieben. Irgendwo *(sie überlegt)* habe ich gelesen, dass er selbst, als er schon ein berühmter Autor gewesen ist, Angst vor akademischen Ehrungen hatte.

Er: Ja. Er hat die Einladung zur Eröffnung des Goethe-Schil

ler-Archivs in Weimar durch Professor Suphan mit der Begründung abgelehnt, man könne ihn vielleicht mit einem lateinischen oder griechischen Zitat in Verlegenheit bringen. *(beugt sich zu ihr)* »Wissen Sie, was ich an diesem Fontane sympathisch finde«, hat einmal eine Studentin zu mir gesagt. »Der schmeißt nicht ständig mit diesen antiken Göttern um sich, bringt keine Anspielungen auf diesen mythologischen Käse. Man kommt sich nicht total verblödet vor, wenn man kein Altgriechisch hatte.« Aber, nun habe ich Sie richtig zugetextet, würde meine Familie sagen. Entschuldigen Sie, doch es kommt ja nicht so häufig vor, dass jemand Fontane liest und so viel über ihn zu sagen weiß. Wie kommen Sie zu ihm?

Sie: *(lacht)* Das hat mich mein Enkel vergangene Woche auch gefragt und empört auf seinen altmodischen Lehrer verwiesen. Der habe etwas von Fontane-Jubiläum gemurmelt und dass sie nun mehrere Texte von diesem Fontane lesen würden. Nun, das war für mich die Herausforderung. *(sie zieht ein paar Bücher aus der Tüte)*

Er: *(amüsiert)* Und? Was haben Sie für Ihren Enkel gekauft?

Sie: Ich war selbst auch Deutschlehrerin und da packt einen natürlich sofort der Ehrgeiz. Schon als Studentin habe ich gerne Fontane gelesen. *(sie hebt ein paar Taschenbücher hoch)* Ich erinnere mich an meinen ersten Berlinaufenthalt. Die »Jenny Treibel«, »Stine«, »Irrungen, Wirrungen« und »Die Poggenpuhls« hatte ich im Gepäck. Die Taschenbuchausgaben aus dem Ullstein Verlag. Als Studentin hatte man ja noch nicht so viel Geld.

Er: Da müssen Sie aber über viel Fantasie verfügt haben. Fontanes Berlin existierte ja schon lange nicht mehr. Und damit meine ich noch nicht einmal die zahllosen Metamorphosen dieser Stadt vor und nach dem Mauerfall.

Sie: *(nickt)* Aber gerade in dieser sich permanent neu erfindenden Stadt bedeutete für mich Fontane immer so etwas wie ein Navi.

Er: Ich fürchte, Fontane hätte sich gar nicht schnell genug updaten können, um sich zwischen all den Hochhausgiganten, Riesenbaustellen, Absperrungsgittern, aufwändigen Schautafeln und vor allem den Scharen von Touristen zurechtzufinden.

Sie: Glauben Sie? Sie meinen, weil sich Fontane auch manchmal verfahren oder verlaufen hat? Ich bin mir ganz sicher, er hätte den Fortschritt genau beobachtet, hätte die Ausstellung in der Humboldt-Box kommentiert und sich höchstens gewundert, dass es so viele italienische Delikatessengeschäfte gibt, wenn er »Sala Tarone« Unter den Linden gesucht hätte. *(temperamentvoll)* Was glauben Sie, wie viele Balladen er über die Berliner Politprominenz und ihre Schildbürgerstreiche verfasst hätte! Ich bleibe dabei. Auch Berlin wird einem vertrauter, wenn man Fontanes Formulierungen im Ohr hat: »Auf der Straße lagen die Marmelspieler und auf dem Fahrdamm lag die Sonne.«

Er: *(lacht)* Ich stimme Ihrem Plädoyer zu. Wer um 1900 in die neue Hauptstadt zog, erfuhr aus Fontanes Romanen, wie es in Berlin zwischen Tiergartenvillen und Kleine-Leute-Gegenden zugegangen ist, nachdem die Reichseinigung von 1871 die Deutschen überrascht hatte. Und dass die Berliner Luft besonders schlecht ist, auch das wusste Fontane schon. Das wird ja in seinen Berliner Romanen häufig thematisiert und vor allem in seinen Briefen. Aus diesem Lokalkolorit gewinnen viele Unterhaltungen in seinen Romanen ihren Charme. Sie haben, anders als oft behauptet, übrigens wenig Verplaudertes. In ihnen kommen die großen Gegensätze der

Zeit zu Wort. Fontane schildert Liebe, Heirat, Ehe in einer Welt im Umbruch mit klarem Blick für Unausweichliches.

Sie: *(amüsiert, indem sie sich zu ihm hinüber beugt)* Da bin ich ja anscheinend an einen ganz besonderen Fontane-Enthusiasten geraten, oder?

Er: *(lachend)* Ja und außerdem an einen Leser, der seit wenigen Monaten hier in Potsdam lebt. Ich habe nach meiner Emeritierung und dem Tod meiner Frau noch einmal einen Neuanfang gewagt und bin in die Nähe meiner Kinder und Enkel nach Berlin gezogen. Und nun bin ich sozusagen auf den Spuren meiner Forschungsgegenstände unterwegs. Ich bin Germanist.

Sie: *(nickt)* Nun, bei mir liegt der Fall ähnlich. Ich war Gymnasiallehrerin für Deutsch in Schwaben. Ich bin im Ruhestand nach Potsdam umgezogen, weil meine beiden Töchter in Berlin leben und weil meine Vorfahren mütterlicherseits aus Potsdam stammten. Meine Großeltern hatten ein Lebensmittelgeschäft im Holländischen Viertel! Daraus resultiert wahrscheinlich auch meine für Bayern ganz untypische Begeisterung für Fontane. Ich habe es immer sehr bedauert, so wenige junge Leute für Fontane gewinnen zu können. *(seufzt)* Aber, Jammern hilft nicht und bringt keinem etwas. Bei meinen Enkeln hoffe ich jedenfalls auf ein bisschen Interesse.

Er: Aha. Deshalb also die Fontanebücher.

Sie: Richtig. *(sie greift wieder in die Tüte, holt ein Taschenbuch heraus und begutachtet das Titelbild)* Und eine ansprechende Aufmachung ist dabei ganz wichtig.

Er: Das kenne ich von meinen Enkeln. Schade, dass man die Lektüre Fontanes der heutigen Generation nicht mehr so leicht vermitteln kann. Fontane war ein kluger Kopf, viele seiner Ansichten sind durchaus modern. Manchmal, wenn ich so spazieren gehe, überlege ich, wie würde Fontane wohl die aktuelle Situation in Deutschland oder die Probleme im vereinigten Europa kommentieren?

Sie: *(nickt)* Wahrscheinlich hätte ihn der Brexit-Irrsinn an den Engländern verzweifeln lassen. Ich erinnere mich noch gut an einen Text, in dem er schreibt, dass die Engländer auch das Schlechte gewissenhaft konservieren. Fontane hat das an einem Beispiel illustriert, wie die gehobene Klasse das aristokratische Nichtstun kultiviert und selbst kleinste Tätigkeiten den Dienstboten überlässt.

Er: Ja, sein Blick auf die Engländer war sehr differenziert. Wie er etwa die Politik des britischen Premiers Lord Palmerstone beurteilte, zeugt von großem Gespür. Auch Palmerstone habe, so schrieb Fontane, die große Krisis, die sich in seinem Lande vorbereitete, geschickt hinausgeschoben. Wenn ich es richtig im Gedächtnis habe, so urteilte er über Palmerstones Verhalten: »Er wusste, dass das Geheimnis der englischen Größe in der Fortdauer jener freien und doch beschränkten Klassen liegt, die beim Biere ‚Britons never will be slaves‘ zu singen pflegen«.

Sie: Ja, Fontane und der Brexit! Das gäbe eine interessante Kombination! Fontane hätte aber sicherlich auch die Entwicklung des neuen Berlin umfassend kommentiert. Etwa mit: »Lamm-Frommheit ist schön, Schaf-Frommheit ist schlimm.«

Er: *(lacht)* Da haben Sie recht. Seine Sprüche amüsieren mich immer wieder.

Sie: D'accord. Man muss ja nicht gerade Fontanes Feldherrenballaden zitieren. Die finde ich manchmal schon etwas peinlich. Obwohl ich mit dem »alten Derffling« bei den Schülern erstaunlich gut angekommen bin. Ein Mann, der als Schneider angefangen hat und dann Karriere als Feldmarschall gemacht hat – das hat vor allem die Jungen interessiert. Das ist aber etliche Jahrzehnte her. Da fanden die meisten Fontanes Formulierungen ganz cool: »Einst als das Nadelhalten/ Ihm schier ans Leben ging/ Dacht er: ‚Das Schädelspalten/ Ist doch ein ander Ding!« Die Eltern dagegen waren weniger angetan. Was glauben Sie, wie viele damals auf der Matte standen und von »Gewaltverherrlichung und faschistoidem Militarismus« sprachen.

Er: *(lacht)* Oh! Ihre Ausführungen verraten die pädagogische Praxis.

Sie: *(nickt)* Ich musste beim Schulleiter antreten. Der meinte damals, Fontanes Heldenballaden könne man jungen Leuten nicht mehr zumuten.

Er: Eine solche Aussage sollte man mit Fontane parieren: »Das Alter hat viel Hässliches und Dummes, aber das *eine* Kluge hat es, dass es einsieht: nichts ist von besondrer Wichtigkeit, und man kann es *so* machen und auch *so*.«

Sie: *(lacht)* Wissen Sie, wie mein Enkel das kommentierte, als ich ihm kürzlich davon erzählte? »Dein Fontane ist also eine Art Grauer Panther.« Was sagte unser Schulleiter damals noch: »Fontane taugt nur fürs Seniorenheim. Dahin gehören Schriftsteller, von denen es Aussprüche wie den folgenden gibt.«

Er: Und, was zitierte er?

Sie: »Gute Verdauung ist besser als eine Million.«

Er: *(lacht schallend)* Schade, eigentlich kann einem der Mann nur leid tun.

Sie: *(lacht, dann wieder ernst)* Mitleid war in seinem Falle nicht angebracht. Er war einer der Naturwissenschaftler, die Belletristik für Zeitverschwendung halten. Wahrscheinlich hat er das Zitat in der Apothekenrundschau gelesen.

Er: Haben Sie nicht auf Fontanes Zitat aus dem »Stechlin« verwiesen: »All die Süddeutschen sind überhaupt viel netter als wir, und die nettesten, weil die natürlichsten, sind die Bayern.«

Sie: *(schüttelt den Kopf)* Er war kein Dr. Lau, von dem Fontane in seinen Kindheitserinnerungen geschrieben hat, er sei ein vorzüglicher Pädagoge gewesen, weil er ein vorzüglicher Mensch gewesen sei.

Er: Ja, dieser Dr. Lau war der einzige Lehrer, den Fontane außer seinem Vater gelten ließ. *(lacht)* Der hat mit seinen Schülern Goethes »Westöstlichen Diwan« gelesen.

Sie: Ich stell mir lieber nicht vor, was mein Schulleiter dazu gesagt hätte! Aber das Erziehungskonzept der Eltern Fontanes kann man heute noch all den ehrgeizigen und ungeduldigen Eltern empfehlen. Gelassen bleiben, den Kindern ein Vorbild sein und durch das bloße Dasein wirken – das entscheidet. Wie oft habe ich das den Eltern meiner Schüler ans Herz gelegt. Gras wächst nicht schneller, wenn man daran zieht.

Er: Fontanes Beschreibung ist natürlich indirekt eine harsche Kritik an den Erziehungsmethoden der preußischen Aristokratie, die wenig mit den Humboldtschen Idealvorstellungen zu tun hatten.

Sie: Allerdings. Und seine Romane illustrieren, wozu eine falsche Erziehung führt. Man denke nur an Effi Briest. Aber Fontane hat auch gesagt: »Mit bloßem Charakter ist auch nicht viel zu machen, oder höchstens Feiertags; Alltags verlangt man ein bisschen Esprit.«

Er: Da schwingt die höfische Bildung des Großvaters, die gründliche französische Erziehung der Hugenotten mit. Nichts war in dieser Familie so wichtig wie Esprit, nichts so wertvoll wie intellektuell anspruchsvolle Gesprächs- und Briefpartner.

Sie: *(seufzend)* Und für die Mama »gutes Aussehen und gute Manieren«. Denn mit der Poesie und dem Verständnis dafür war es bei ihr nicht so weit her.

Er: Apropos Poesie. Bei Dr. Lau muss ich immer an die Episode mit dem Geburtstagsgedicht für Fontanes Papa denken. Meine Kinder haben mir eine entsprechende Umdichtung zu meinem 70sten Geburtstag geschenkt. Den Anfang haben sie aus dem Original übernommen: *(überlegt einen Moment, dann rezitierend)* »Lieber Vater/ Du bist kein Kater/ Du bist ein Mann,/ der nichts Fettes vertragen kann«.

Beide lachen und beobachten eine Weile ein vorbeifahrendes Ruderboot.

Sie: Ja, da hat der Lyriker Fontane gewaltig kokettiert. Nun, ich finde, er hat schöne Gedichte verfasst. *(sie hält ein kleines Buch hoch)* Vielleicht gefällt meinem Enkel dieses wunderhübsche Fotobüchlein. Richtige Perlen finden sich da: *(sie liest)* »Es kann die Ehre dieser Welt/ Dir keine Ehre geben,/ Was dich in Wahrheit hebt und hält,/ Muß in dir selber leben.«

Er: *(ernst geworden)* »Das flücht'ge Lob, des Tages Ruhm/ Magst du dem Eitlen gönnen/ Das aber sei dein Heiligtum:/ Vor <u>dir</u> bestehen können.« *(nach einer Pause)* Diese Schlusspassage habe ich schon oft zitiert. *(mit einem skeptischen Blick auf das Fotobüchlein)* Glauben Sie wirklich, dass diese Aufmachung ihrem Enkel gefällt und dass er mit diesen Gedichten etwas anfangen kann?

Sie: *(blickt ihn ein wenig verunsichert an)* Meinen Sie nicht? Ich habe es gekauft, weil hier auch einige Texte des jungen Fontane, des Barrikadenkämpfers und Revolutionärs abgedruckt sind. Das könnte für meinen Enkel vielleicht spannend sein. *(sie legt ein weiteres Buch neben sich auf die Bank)*

Er: Ah! Regina Dieterles Fontane-Biographie. Da haben Sie
        einen guten Kauf getätigt.
Sie: Ja. Ich muss mein Wissen doch »updaten«, wie man heute
        sagt.
Er: *(nickt)* Apropos Fontane entdecken. Zeigen Sie Ihrem Enkel
        doch das Gedicht: »Das Publikum ist eine einfache Frau/
        Bourgeoishaft, eitel und wichtig/ Eine einfache Frau, doch
        rosig und frisch,/ Und sie lacht und sie führt einen guten
        Tisch,/ Und es möchte sie jeder besitzen.« Der kleine Text
        bringt doch die Mediensituation – die damalige wie die heu-
        tige – treffend auf den Punkt. Finden Sie nicht?
Sie: *(nickt)* Doch. Was ist das Gieren nach Quoten, nach Followern
        denn anderes? Allerdings glaube ich nicht, dass im Zeitalter
        von »Coffee to go« und »Happy Hour« noch irgend jemand
        Formulierungen wie »führt einen guten Tisch« verstehen
        wird.
Er: Liest man in der Schule denn überhaupt noch Fontanes Ge-
        dichte?
Sie: Natürlich kennen die meisten noch den »Herrn von Ribbeck
        auf Ribbeck im Havelland«, auch außerhalb Brandenburgs,
        wage ich zu behaupten. *(schmunzelt)* Das klingt hoffentlich
        nicht abwertend. Denn für mich ist der »Herr von Ribbeck«
        tatsächlich eine der besten Balladen Fontanes.
Er: Ja und unverwüstlich. Auch meine Enkel haben den Text
        gelernt und mit Begeisterung aufgesagt. Nur an der For-
        mulierung »So ging es viel Jahre, bis lobesam/ der von Rib-
        beck auf Ribbeck zu sterben kam« sind schon meine Kinder
        regelmäßig gescheitert und ich genauso regelmäßig an der
        Erklärung.
Sie: Ja, von diesen Schwierigkeiten kann ich ein Lied singen!
        Rip Rap Ribbeck. Meine Schüler haben mich damit ein-

mal zu einem Geburtstag überrascht. Der Herr von Ribbeck hat mehr Fans, als man denkt. Auch ich war kürzlich dort. Schloss, Gutsgebäude, Friedhof und Kirche – ein geschlossenes Ensemble. Wenn man Glück hat und es sind nicht zu viele Touristen unterwegs, kann man den gemütlichen Platz hinter der Kirche genießen. Und dass im Schlosspark sich alle deutschen Bundesländer mit einem besonderen Birnbaum verewigt haben, das hat sogar meinem Enkel imponiert.

Er: Der dürftigste, der ein wenig schwächelt, ist die bayerische ,Gute Luise'.

Sie: *(lacht)* Alles Birnenmäßige bekommt man angeboten. Bloß den Text von Friedrich Christian Delius »Die Birnen von Ribbeck« sucht man vergeblich, die schöne Erzählung, in der sich Ost und West bestaunten, anfremdelten.

Er: *(nickt)* Ja, als er 1991 erschienen ist, bekam er gute Kritiken. Aber die Brandenburger verstanden es als Nestbeschmutzung.

Sie: Ja, lieber ein Café mit Waschzuber und Waschweibern einrichten, wo man alles nur irgendwie Birnenmäßige erhält.

Er: Warum denn auch nicht! Birnenschnaps und -marmelade sind wahrscheinlich bekömmlicher als die vielen Ginkgo-Produkte, die man in Goethes Weimar angepriesen bekommt. Und Brandenburg hat so viel mehr zu bieten. Das wissen die wenigsten Deutschen, die zwar gerne nach Italien, Griechenland, sogar nach Vietnam oder Mexiko reisen, sich aber keine Vorstellung von der schönen Landschaft an der Havel machen.

Sie: Das stimmt. Und die Birnen auf den Märkten, nicht nur die aus Werder natürlich, sind ganz vorzüglich. Ja, es gibt hier in der Region viel zu entdecken. Ich bin immer wieder

aufs Neue begeistert. *(beugt sich zu ihm)* Und das Fahrrad-
fahren ist hier sehr viel einfacher als in meiner alten Heimat
Schwaben.

Er: Auch für mich ist dieses Brandenburg, nicht nur wegen der
exzellenten Birnen, eine ganz neue Erfahrung.

*Beide beobachten eine Gruppe von Radfahrern, die offensichtlich zum
Picknick am Grünen Haus unterwegs ist. Auf dem See kämpfen mehrere
Stand Up-Paddler um die richtige Haltung.*

Sie: Wenn man in einem Zeitschriftenladen die Massen an Ma-
gazinen zum Thema »Landleben« sieht, dann könnte man
eigentlich vermuten, dass der »Herr von Ribbeck« durchaus
im Trend liegt. Landgüter, Gärten und Tafelfreuden im Havelland – nun, was passt dazu besser als Fontanes Ballade?

Er: *(schmunzelnd)* Ja, ja, die Landlust! Einer meiner Enkel hat sich
kürzlich in Kladow eine Datsche gekauft. Nun verwirklicht
er sich selbst, indem er dort Tomaten und Spargel züch-
tet und Hühner hält. Und mir gegenüber hat er seine Entscheidung damit begründet, dass ja auch Fontane in seinen
Wanderungen den Ort erwähnt habe.

Sie: *(lacht)* Ich stelle mir gerade Fontane als Landwirt vor. Ausgerechnet Fontane. Er ist ja ein olfaktorisches Phänomen gewesen.
Wo auch immer er Station gemacht hat, stets hat er höchst
sensibel auf Gerüche aller Art reagiert. Ich habe erst von ihm
überhaupt etwas über die Toilettensituation im 19. Jahrhundert erfahren. Seine Reisebeschreibungen sind für mich immer höchst amüsant zu lesen, vor allem die in seinen Briefen.

Er: Dann kennen Sie sicherlich auch den wunderschönen Foto-
band von Michael Ruetz zu Fontanes Wanderungen durch
die Mark Brandenburg?

Sie: Aber natürlich. Leider ist das Buch bei meinem Umzug irgendwie verschwunden. Aber nun kann ich ja all die schö-

nen Orte selbst aufsuchen. Schade, dass das heute so wenige Menschen noch tun.

Er: Da täuschen Sie sich. Die Tourismusbranche hierzulande hat es inzwischen sehr gut verstanden, Fontane als Werbeträger zu nutzen. Schließlich bieten die »Wanderungen durch die Mark Brandenburg« Dialoge, Porträts, fundiertes Wissen, aber auch Tratsch, lokale Sagen und jede Menge Anekdoten. Für Fontane waren sie ein Experimentierfeld. Und für heutige Wanderer, zumal für die vielen Ruheständler, die Brandenburg entdecken wollen *(verbeugt sich ein wenig)*, so wie ich, sind sie ein, wie sagt man Neudeutsch, »Must-have«.

Sie: *(skeptisch)* Glauben Sie? Die meisten brauchen etwas für ihr Smartphone. Fontanes Texte sind doch viel zu umfangreich.

Er: Nein, nein! Der rbb hat sogar eine App konzipiert, die auf Fontanes Spuren durch Brandenburg führt. Wer würde sich beispielsweise heute noch für Paretz interessieren, hätte nicht Fontane über den regelmäßigen Besuch des preußischen Königspaares, v.a. natürlich über Königin Luise, geschrieben.

Sie: Von dieser Lady Di einmal abgesehen, die heutige Generation verträgt so viel historische Details nicht mehr. Auch wenn Fontane seine Informationen geschickt verpackt.

Er: Daran erkennt man den erfahrenen Journalisten. Nehmen Sie als Beispiel Glienicke. Er erklärt den Namen *(beugt sich zu ihr)* – glin bedeutet wendisch Lehm –, beschreibt dann etwas genauer die Kirche von Klein-Glienicke mit den Epitaphen der Herren von Ribbeck, bevor er dann ein wenig Statistik bringt, die Anzahl der Gläubigen, also der Bewohner anführt und dann ergänzt: »Darunter, wie die Nachschlagebücher gewissenhaft bemerken, zwei Katholiken. Diese werden es schwer haben, sich paritätisch zu behaupten.«

Sie: *(lacht)* Überzeugt!

Er: Hoffentlich öde ich Sie nicht an. Meine Kinder sagen immer, ich doziere die ganze Zeit. Meine Enkel drücken es noch etwas anders aus.

Sie: *(seufzt)* »Großmama, du nervst!«, heißt es bei mir manchmal. Aber *(sie beugt sich zu ihm)* glauben Sie mir. Es ist schön, jemanden zu treffen, mit dem man sich über etwas anderes als Rentenbeiträge, Reha-Maßnahmen oder Seniorenschwimmen unterhalten kann. *(nach einer Weile)* So viele Leute kenne ich hier außerdem noch nicht. Und die Kinder sind ja alle immer schwer beschäftigt.

Er: *(nickt)* Ja, das kenne ich.

Beide schweigen einen Moment. Auf dem See schwimmt eine Formation Blesshühner vorbei.

Sie: Ja, vieles, was Fontane geschrieben hat, ist auf die Gegenwart übertragbar. Auch wenn seine Helden lieber in den Hoppe-Garten geritten und nicht mit dem Mountainbike gefahren sind. Liebe, Eifersucht, Neid und Eitelkeit, Erfolg, Karriere, Versagen ... *(sie beugt sich zu ihm)* Ist das etwa heute anders? In jedem Tatortkrimi geht es doch darum.

Er: *(nickt)* So wie in Fontanes Novellen und Romanen. Aber die Wanderungen enthalten eigentlich andere Botschaften.

Sie: Finden Sie?

Er: Sie haben die Menschen sensibilisiert, sorgsam mit ihrem kulturellen Erbe umzugehen. Vieles von diesem Wissen, das Fontane zusammengetragen hat, ist in der DDR mit viel Umsicht und Sachverstand behandelt und so für uns heute gesichert worden. Die Wanderungen vermitteln Geschichte, erinnern an lokale Ereignisse, an Naturkatastrophen, an all das, was wir vergessen haben und was im kollektiven Gedächtnisarchiv, so würde Aleida Assmann sagen, abgespeichert ist.

Sie: Nicht nur die Adelsgeschichte?

Er: Nein, wenn natürlich der Adel in dieser Region auch die Archive besaß, über Porträts und Quellen aller Art verfügte, so wie in Süddeutschland die Klöster.

Sie: Also hat Fontane in der Mark Brandenburg missioniert?

Er: In seiner Heimat war Fontane zu diesem Zeitpunkt schon bekannt als Kenner der Lokal- und Regionalszenerien, als Experte für die oft verworrene Genealogie märkischer Adelsgeschlechter, als Chronist der insgesamt doch sehr überschaubaren preußischen Geschichte. Generationen von Geschichtsstudenten wurde er später zur Lektüre empfohlen. Bekanntlich erhielt Fontane die Ehrendoktorwürde der Berliner Universität auf Initiative des Historikers Theodor Mommsen, der in seinen Vorlesungen aus Fontane-Texten zitierte.

Ein kleiner Hund bellt vom Ufer aus die vorbeischwimmenden Enten an. Als ein Schwan sich ihm nähert, zieht der Hund es vor, dem Pfeifen seines Herrchens Folge zu leisten.

Sie: Ein »politischer Seher großen Stils«, hat ein Zeitgenosse über ihn geurteilt. Das bezog sich auf Fontanes Darstellung der wenig ruhmreichen Rolle Preußens in der Napoleonischen Ära. Ich erinnere mich an die Seminare meiner Studienzeit. Die Schlachten, die Fontane zitiert hat, waren ja harmlos, vergleicht man sie mit all dem, was im 20. Jahrhundert über die Menschen hereingebrochen ist – gerade in Berlin und hier in Potsdam.

Er: Da muss ich Ihnen entschieden widersprechen. Nehmen Sie z. B. die Völkerschlacht bei Leipzig. Über 100.000 Tote und dazu alle, die auf dem Schlachtfeld überlebt, aber später an den Folgen ihrer Verletzungen gestorben sind. Gerade die großen Gefechte waren für Fontane ganz wichtig.

Das Trauma seines Vaters, Großgörschen 1813, hat er da verarbeitet, die ganze Geschichte der Napoleonischen Befreiungskriege. Es ist so bis heute: Die erste, zweite und vielleicht noch die dritte Generation erlebt die Schrecken des Krieges noch »hautnah« mit.

Sie: Sie meinen, dass man danach wieder leichtfertig mit der Frage umgeht, ob man Konflikte militärisch lösen soll oder nicht?

Er: *(nickt)* Richtig. Und Fontane hat sein erzählerisches Werk ja erst nach der Reichsgründung begonnen. Die Entwicklung des Deutschen Kaiserreichs, den Gründerboom, das Verhalten der Eliten und den Militarismus im alten Preußen hat er sehr kritisch gesehen und vieles mit dem Jahrhundertbeginn verglichen.

Sie: Ein Mahner also? Deshalb musste er unbedingt seinen ersten großen Roman »Vor dem Sturm« schreiben. Ist es nicht so?

Er: Ja. Aber Fontane war sich seiner Sache noch nicht sicher. Zwar war er ja seit vielen Jahrzehnten ein erfahrener und bestens vernetzter Journalist, doch fehlte ihm die Praxis in diesem Bereich. Zuhause hing der Haussegen schief und Fontane rang mit sich und seiner Frau um eine Entscheidung. Am Ende trug das Romanprojekt den Sieg davon.

Sie: Hat Fontane nicht selbst große Zweifel gehabt? *(zitiert)* »Ein Roman, ganz unmodern, auch etwas fromm, in dem immer gepredigt wird, doch Gott sei Dank noch häufiger zu Mittag gegessen.« So habe ich sein eigenes Urteil im Kopf.

Er: Und damit stand er nicht allein. Viele seiner Zeitgenossen haben Schwächen des Romans bemängelt, übrigens später auch viele Germanisten. In Julius Rodenbergs Besprechung beanstandete der Herausgeber der »Deutschen Rundschau«, dass Frau Hulens Spur, deren kleinbürgerlichen Lebensstil

Fontane so akribisch ausleuchtet, sich am Ende quasi im Nichts verliert. Nun, das ist ein typischer Anfängerfehler und man sollte ihn auch als solchen stehen lassen. Dabei hat schon Paul Heyse, der Freund aus dem »Tunnel über der Spree«, nach der ersten Lektüre den Finger in die Wunde gelegt: Fontanes Liebe zu jedem Sandkorn in heimatlicher Scholle habe etwas »Krümmeliges«. *(beugt sich zu ihr)* Aber nun doziere ich schon wieder.

Sie: Nein, keineswegs. *(überlegt einen Moment, bevor sie weiterspricht)* Ich glaube, uns irritieren heute andere Dinge an diesem historischen Roman. Treue, Vertrauen, Selbstlosigkeit, wen kann man heute noch öffentlich darauf verpflichten? Damals funktionierte das aristokratische Modell noch. Der Adel kam seiner Fürsorgepflicht nach und alle, egal welchen Standes, handelten aus Pflichtbewusstsein, etwa bei der Rettungsaktion für Lewin. Außerdem: »Vor dem Sturm« ist ja auch ein Plädoyer für eine militärische Lösung in einem politischen Konflikt. Da ist unsere Einstellung eine ganz andere.

Er: *(nickt)* Oh ja! Außerdem ist der Blick der Forschung heute stärker auf Fontanes Frühwerk gerichtet. Damit gewinnen auch seine Kriegsberichte, die vielen Aufzeichnungen, mit denen er den deutschen Einigungsprozess begleitet hat, an Bedeutung. All das lässt auch »Vor dem Sturm« neu und anders erscheinen.

Sie: *(neugierig)* Sie meinen, man sollte den Roman in jedem Fall gemeinsam mit den Kriegstagebüchern lesen?

Er: *(lachend)* Na, ob Sie mit dieser Position ihren Enkel überzeugen?

Sie: *(seufzt)* Ich fürchte, mit »Vor dem Sturm« werde ich bei ihm nicht einsteigen können. Ich höre ihn schon! »Weißt du, Großmama, der Roman ist mir einfach zu dick!«

Er: Also doch ein Autor für alte Leute, wie Ihr Schulleiter meinte.

Sie: *(mit schief gelegtem Kopf)* Vielleicht! Wenn ich so an Fontanes Lyrik denke ... *(dann nach einer kleinen Pause, zitierend)* Das kennen Sie sicher auch: »Du fragst. ‚Ob mir auf dieser Welt/ Überhaupt noch was gefällt?‘/ ‚Lieber Freund, mir gefällt noch mancherlei:/ Jedes Frühjahr das erste Tiergartengrün,/ Oder wenn in Werder die Kirschen blühn ...‘« *(seufzt)* Das begreift man erst, wenn man schon ein paar Jährchen mehr auf dem Buckel hat, stimmt‘s? *(indem sie mit dem rechten Arm einen großen Bogen beschreibt)* Dann nimmt man die Natur viel intensiver auf.

Er: *(nachdenklich)* »Kuckucksrufen, im Wald ein Reh,/ Ein Spaziergang durch die Läster-Allee ...« Da haben Sie den ganzen Fontane in vierzehn Versen: Naturerfahrung, geselliges Leben und obendrein treten noch Moltke, der alte Kaiser und natürlich Bismarck auf. *(nach einer Pause)* Resümee eines weisen alten Mannes.

Sie: Ja. Man erfreut sich am Wechsel der Jahreszeiten, an den kleinen Dingen, wenn man älter ist. Geht Ihnen das auch so? Wie sagt der alte Stechlin: »Siegen ist gut, aber Zu-Tische-Gehen ist besser.« Dass Fontane kein jugendlicher Autor war, sondern ein lebenserfahrener, wenn Sie wollen, abgeklärter Mensch, das spürt man vor allem an solchen Details. Ich glaube außerdem, vieles von dieser Gelassenheit verdankte Fontane seinem Vater.

Er: *(etwas provokant)* Auch, wenn er die kleine Manon von Poggenpuhl sagen lässt: »Sonderbar, Väter werden fast immer vergessen.«

Sie: *(schüttelt den Kopf)* Aber dort, wo sie auftreten, spielen sie eine wichtige Rolle: der alte Stechlin und der alte Graf Barby,

Bernd von Vitzewitz und Geheimrat Ladalinski. *(mit Nachdruck)* Das sind doch Persönlichkeiten. Man kann sich an ihnen orientieren, aber sie erdrücken ihre Söhne nicht. Ja, und wenn dann noch die Mütter fehlen, dann gibt es auch kein tragisches Ende.

Er: *(beugt sich zu ihr)* Sie dürfen das sagen. Als Mann müsste ich jetzt mit einem Einspruch der Gleichstellungsbeauftragten rechnen.

Beide lachen. Ein leichter Windstoß treibt einen Ast ans Seeufer.

Sie: Nun, die Mütter sind doch wirklich nicht Fontanes Passion. Vielleicht *(runzelt die Stirn)* hat das auch etwas mit seinem fortgeschrittenen Alter zu tun.

Er: Hm! Was Sie sagen, ist schon interessant. *(nach einer Weile des Überlegens)* Wie wir Alten *(mit einer angedeuteten Verbeugung)* Pardon, Älteren alle, so hatte auch Fontane seine Krisen. Was hat er getan? Er hat Bilanz gezogen und seine Autobiographie verfasst. Und er hat endgültig seinen Stil gefunden: Romanhaft ausgestaltete prägnante kleine Episoden, die sich wechselseitig aufeinander beziehen und die eine poetische Welt erschaffen, in deren Mittelpunkt der kleine Theodor steht. *(lacht)* Der wollte mit zehn Jahren schon Geschichtsprofessor werden. So sehr hat ihn sein Vater beeinflusst. Nun, mit seinen Erinnerungen hat sich der Sohn, damals schon über die Siebzig hinaus, wieder »gesundgeschrieben«. Ein bemerkenswertes Rezept und bis heute ein gut lesbares Buch.

Sie: Ja, Fontane hatte diese Krise auch, weil er das Lebensalter erreicht hatte, in dem sein Vater gestorben ist. Das hat mich auch persönlich sehr beschäftigt, denn ich hatte, als ich so alt wurde wie mein Vater, ein ähnliches Problem. *(seufzt)* Ich habe zwar damals nicht meine Memoiren geschrieben, aber ich habe Fontanes Kindheitserinnerungen mit nach Usedom genommen und die Kapitel, die in Swinemünde spielen, sehr genau studiert.

Einen Moment beobachten beide eine Mutter, die mit ihren beiden Kindern den Parkweg entlanggeht. Sie wird von einem Ehepaar angehalten, das sich nach dem Standort des Hänge-Perlschnurbaums erkundigt.

Er: *(mit großer Empathie)* Der Alte, der sich angewöhnt hatte, die »Kostümfrage etwas obenhin zu behandeln«, und sein Sohn verbringen nur einen Tag zusammen und doch fängt diese Begegnung ein ganzes Leben ein. Dieses Intermezzo ist für mich eine der größten Charakterstudien der deutschen Literatur.

Sie: Der Vater hatte einen Blick für die kleinen Schönheiten des Lebens. Das hat der Sohn von ihm gelernt. Und dass Vater Louis kein Übervater gewesen ist *(zuckt die Achseln)* – vielleicht hat gerade das Fontanes Selbstbewusstsein vergrößert. Denken Sie an Goethe. Wie lange hat er mit seinem übermächtigen Vater gerungen. Oder Jakob Michael Reinhold Lenz. Ach, diese Reihe könnte man noch lange fortsetzen. Wie viele junge Männer mussten gegen die bürgerlichen Bildungsansprüche der Väter ankämpfen, sich gegen die humanistisch geeichten Autoritäten durchsetzen, sich von vielem Bildungsballast trennen, um ein eigenes Profil zu entwickeln. Fontane hatte diese Schwierigkeiten nicht.

Er: Da haben Sie Recht. Das war es aber auch, was ihm den freien und unbeschwerten Blick verlieh, die Klarheit im Urteil, die von Klassik und Hegel unbeschränkte Einsicht. Wer von seinen akademischen Zeitgenossen wusste Bedeutenderes über Zola oder George Eliot zu schreiben, wer hat so unkonventionell über kanonisierte Dramatiker geurteilt?

Sie: *(nickt)* Wie sagte er: »Es gibt nichts Auswendiggelerntes, nichts

Schablonenhaftes in mir, ich bin ganz selbständig und halte mich deshalb für interessant und apart.«

Er: *(indem er sich verbeugt)* Kompliment! Sie haben ja eine außergewöhnlich gute Textkenntnis. *(dann dozierend)* Ganz selbständig, einleuchtend und täuschend simpel klingt auch sein poetologisches Konzept: »Ein Roman soll uns unter Vermeidung alles Übertriebenen und Hässlichen, eine Geschichte erzählen, an die wir glauben. Am Ende sollen wir den Eindruck haben, ein paar schöne Stunden unter interessanten Menschen gelebt zu haben, deren Umgang uns förderte und belehrte.« *(seufzt tief)* Wenn man all die komplizierten diskursanalytischen Theorieungetüme zur Rolle des Romans liest, dann freut man sich über dieses schlichte und doch so wahre Urteil.

Sie: *(mit Nachdruck)* Da kann ich Ihnen nur aus tiefstem Herzen zustimmen. Statt mit immer neuen Ästhetikkonstruktionen die eigene akademische Karriere zu befördern, sollten die Fachleute mehr Leseanregungen geben. *(nickt)* Ja, mir gefällt diese letzte Begegnung zwischen Vater und Sohn genau so gut wie Ihnen. Ich bewundere, dass sie vollkommen frei von Vorwürfen ist. Fontane hatte es ja wirklich nicht leicht im Leben, nicht nur wegen des fehlenden Studiums. Unterstützung, zumal finanzielle, gab es nicht. Was hätte näher gelegen, als dem Vater, der ja nun wirklich ein echter Hallodri gewesen ist, Vorhaltungen zu machen. Schließlich hat Vater Louis auch das großväterliche Erbe durchgebracht.

Er: »Man soll nicht einen Amtmann rösten, um es zu kriegen; aber wenn man es hat, dann soll man's festhalten. Geld ist doch was, ist eine Macht.« Das lässt Fontane seinen alten Vater sagen. *(lacht)* Damals hat er ja die »Frau Jenny Treibel« fertiggestellt, in der sich alles um das »verdammte Geld«

dreht. *(beugt sich zu ihr)* Diese Sprechkomödie in Roman-
form gehört zu meinen Lieblingstexten Fontanes. Eigentlich
geht es ja nur um die richtige Partnerwahl und ...

Sie: *(fällt ihm ins Wort)* ... um eine ziemlich böse Abrechnung mit
der Bourgeoisie. Ich erinnere mich an meine Studenten-
zeit. »Frau Jenny Treibel« war einer der wenigen Texte, die
meine kommunistischen Kommilitonen akzeptiert haben.
Die Entlarvung der stillschweigenden Komplizenschaft
zwischen Besitz- und Bildungsbürgertum, der Zusammenhang zwischen Kapital und Politik, das interessierte damals.
(sie zieht aus ihrer Tüte ein Taschenbuch und hält es hoch) Mal
sehen, was mein Enkel davon hält.

Er: Das immer deutlichere Auseinanderdriften von Kultur und
Kapital nach der Reichsgründung hat Fontane sehr gestört
und auch die Tatsache, dass die Schicht dieser neureichen
Fabrikbesitzer sich hermetisch abgeschlossen hat.

Sie: Deshalb muss der jüngere Treibelsohn – »Wie der schon
heißt! Leopold, dieses Würstchen«, meine Tochter hat ihn
zutiefst verachtet, – die Schwester seiner Hamburger Schwä-
gerin heiraten. »Die ist genauso steif wie diese Helene. Ge-
schieht ihm ganz recht! Das hat er nun davon, dass er sich
nicht durchsetzen kann, dieser Schwächling.« Ach, ich erinnere mich noch gut an diese Lektüreerfahrung meiner
Jüngsten.

Er: Und das alles nur, damit das Geld in der Familie bleibt. Das
hat ihre Tochter doch sicherlich auch entsprechend kommentiert.

Sie: *(lachend)* Na ja! Auch die Lehrer und Professoren bleiben unter
sich. Corinna heiratet am Ende ihren Vetter Marcel. Und
ehrlich gesagt finde ich, dass sie alle, auch ihr Vater und seine
Kollegen, doch schrecklich arrogante Bildungsphilister sind.

Er: *(schmunzelnd)* Nun, da zeigt sich Fontanes gesunder Menschenverstand, der für seine Figuren eine realistische Biographie konstruiert. Und der Parvenü Treibel sieht seine eigenen politischen Ambitionen durchaus mit Distanz. Wie würde Fontane jetzt sagen: »Ohne einen feinen Beisatz von Selbstironie ist jeder Mensch mehr oder weniger ungenießbar.« Fontane beschreibt dessen Entwicklung trotz allem mit Humor. Denn der Humor begnügt sich nicht wie die Ironie mit Spöttelei und Persiflage. Humor stellt für den Erzähler Fontane die überlegene poetische Kraft dar. Damit wird Fontane jeder seiner Figuren gerecht, denn sein Humor lässt noch den dümmsten preußischen Offizier einigermaßen liebenswert erscheinen.

Sie: Ja, er hat viel erlebt, viele unterschiedliche gesellschaftliche Kreise kennengelernt und sie beobachtet. Er war in vielen Milieus zuhause. Das gibt einen Blick, der relativiert. *(nickt und überlegt kurz)* Da haben wir sie wieder, die Gelassenheit des Alters. Und Fontane stellt niemals eine Figur bloß. Ja, ich denke gerade an den Gärtner Dörr aus »Irrungen, Wirrungen«. Dessen Beschreibung ist mir im Gedächtnis geblieben, Dörr, »für den die Natur, soweit Äußerlichkeiten in Betracht kamen, ganz ungewöhnlich wenig getan hatte«.

Er: *(lacht auch)* Ja, der gute Dörr ist zwar geizig, war aber mutig genug, ohne Vorurteile eine ehemalige Adelsprostituierte zur Frau zu nehmen. Schon die heftige Abwehr der Zeitgenossen beweist, dass Fontane hier ein Tabuthema angeschnitten hat.

Sie: Aber die Kleinbürger mochte Fontane gar nicht. Ich meine die Spießer, wie die Polzins oder auch die Frau Hulen. Wie realistisch er diese Leute beschreibt, das macht mich ganz traurig.

Er: Manchmal kann man aber doch auch lachen. Etwa über die Kommentare von Mutter Möhring nach dem Theaterbesuch von Schillers »Räubern«. Wenn sie über die Lebenserwartung des alten Moor spekuliert oder wenn Fontane Frau Hulen Lewins Begeisterung fürs Theater beschreiben lässt: *(mit verstellter Stimme)* So Geschichten von einem »Mohr, der seine Frau würgte«.

Sie: *(ebenfalls lachend)* Bei Frau Hulens Soiree tritt ja auch die Gesanglehrerin Demoiselle Lacke auf, von der es heißt, Armut, Demut und Hochmut waren die drei Grazien, die an ihrer Wiege gestanden und sie durch das Leben begleitet hatten. Nur Thomas Mann konnte später so elegant boshaft sein.

Er: *(lehnt sich zurück und schlägt die Beine übereinander)* Fontane hat sehr genau hingehört und sich viele Berliner Ausdrücke notiert. Die Treffsicherheit des Dialekts hat er ja bei seinen täglichen Spaziergängen und Wanderungen studieren können.

Sie: *(schnell einwerfend)* Er hat ja auch nie den Kontakt zu den einfachen Leuten verloren.

Er: Fontane »zwingt seine Figuren ins Leben, indem er sie einfach reden lässt.« Mir gefällt dieses Zitat von Josef Bierbichler, der vor ein paar Jahren den Fontane-Literaturpreis der Stadt Neuruppin erhalten hat, sehr gut. Ja, für Fontane war eigentlich nur das geistreiche Gespräch wichtig. Mit dem berühmten Fontaneschen Bummelton charakterisieren sich die Personen selbst.

Sie: *(nickt zustimmend)* »In der Sprache schlagen sie ihre Schlachten.« So hat einer meiner Professoren die Konversation im »Stechlin« charakterisiert. Da muss ich wieder an »Irrungen, Wirrungen« denken. »Rapschen« tut der alte Dörr, was so viel wie raffen bedeutet. Und das passt seiner Frau überhaupt nicht. Sie will den »Murks« nicht mit einbinden, sondern nur gerade Spargelstangen.

Er: *(amüsiert)* Ja, die gute Frau Dörr, die gehört zu den besonderen Berliner Originalen. Sie hat so etwas Entwaffnendes.

Sie: Ja, und wie sie sich als junges Mädchen charakterisiert: *(mit verstellter Stimme)* »Ich war ja woll eigentlich größer als die Lene und doch mehr so im Vollen, un das mögen manche.« Ich finde das herrlich!

Er: *(lacht)* Vor allem ihr Graf mochte das wohl. Das Lesepublikum fand derartige Äußerungen aber doch schokierend, ja skandalös.

Sie: Wie meine Schüler! »Ein richtiger Macho!« So haben viele von ihnen dieses Verhältnis kommentiert. *(beugt sich zu ihm)* »Irrungen, Wirrungen« habe ich einige Male als Lektüre ausgewählt. Die Mädchen waren empört. Wie? Der Graf ist fünfzig Jahre alt! Und wie beschrieb Frau Dörr ihn? »Simpel, immer kreuzfidel und unanständig.« Tja, wie sagte Fontane so schön? »Die männliche Schweinigelei hat noch eine lange Zukunft.« *(mit erhobenem Zeigefinger)* Geradezu prophetisch!

Er: Genau. Nun, was heute für Film- und Musikproduzenten gilt, das traf zu Fontanes Zeit auf die Zeitungsverleger und Chefredakteure zu. In einem Brief, ich glaube an seinen Sohn, beschuldigt Fontane sie, von denen einer sich höchst verärgert über die nicht enden wollende »Hurengeschichte« beklagt hatte, eine derartige Doppelmoral zu vertreten.

Sie: Ja, wir machen uns das heute nicht mehr klar, wie revolutionär Fontanes Frauenbild gewesen ist und wie realistisch er das Liebesleben der Berlinerinnen dargestellt hat.

Er: Und die Exaktheit, mit der Fontane das kleinbürgerliche Milieu beschreibt, etwa bei »Mathilde Möhring«.

Sie *(zustimmend)* Ja, das stimmt. Der Stehspiegel mit einem Sprung in der Mitte, die Blumenständer mit den Geranien, wenn ich mich nicht irre, und der weiße Ofen mit den blankgeputzten Metalltürchen. Mathilde Möhrung ist eine außergewöhnliche Frau und – *(mit besonderem Nachdruck)* endlich einmal eine Heldin, die nicht hübsch ist.

Er: Zu Mathilde Möhring fällt mir immer der Aphorismus der Marie von Ebner-Eschenbach ein: »Wenn der Mann das Amt hat und die Frau den Verstand, dann gibt es eine gute Ehe«.

Sie: *(lachend)* Und eine glückliche Stadtbevölkerung. Wie Mathilde als Bürgermeistersgattin die Stadtverwaltung auf Vordermann bringt und die Infrastruktur und Stadtentwicklung ankurbelt! Das ist genial. Sie manipuliert den armen Ehemann aber so heftig, dass er sich den Anforderungen am Ende nur durch Tod entziehen kann.

Er: *(ebenfalls lachend)* Und wie erfolgreich ihre selbstgeschriebenen Presseartikel sind. Genau so macht man es bis heute. Nun, dergleichen kannte Fontane aus England und später aus seiner Tätigkeit für die staatliche preußische Presseabteilung.

Sie: *(fällt ein)* Ja, oder aus der Arbeit für die »Kreuzzeitung«. Da hat man es mit dem journalistischen Ethos ja bekanntlich auch nicht so genau genommen.

Er: Richtig. Aber viele seiner Zeitgenossen haben davon damals noch überhaupt keine Ahnung gehabt. Doch trotz aller journalistischen Routine hat Fontane sich stets gewaltig quälen müssen.

Sie: *(holt ein weiteres Buch aus der Tüte)* Ich erinnere mich an eine Anekdote. Eine Touristin, der Fontane im Harz von seiner Arbeit vorjammerte – zu diesem Zeitpunkt war er schon ein gefeierter Romanautor – meinte kopfschüttelnd zu ihm: »Ja, weshalb schreiben Sie dann, wenn es Ihnen keinen Spaß macht?« *(nach einer kurzen Pause)* Von ihm stammt ja auch der Spruch:»Genie ist Fleiß«. Er wusste, es bleibt ihm nicht mehr unendlich viel Zeit. Da muss man haushalten.

Er: Ja, wir Älteren *(er verbeugt sich vor ihr)* wissen, die Kräfte lassen nach, man wird langsamer. Und Fontanes ganze Familie war abhängig von seiner schriftstellerischen Produktivität. So ein sorgenfreies und finanziell abgesichertes Leben, wie wir es uns heute leisten können, gab es im Deutschen Kaiserreich nur für ganz wenige. *(Nach einem tiefen Seufzer)* Und Schreiben ist ein mühsames und armseliges Geschäft. Damals wie heute. Wie sagte Fontane: *(zitiert)* »Das ist das Resultat, wenn man lange genug gelebt hat: alles was da ist, kann verbrannt werden, wenn nur zehn oder zwölf Sätze, in denen die Menschenordnung liegt, übrigbleiben. Es ist auch recht gut so; nur für einen Schriftsteller, der vom Sätzebau lebt, hat es etwas Niederdrückendes.«

Beide schweigen einen Moment und beobachten eine Krähe, die über den Rasen hüpft. In der Nähe hört man das Klopfen eines Spechts.

Sie: *(seufzt)* Das Bilanzieren kommt von ganz allein, wenn man nicht mehr jung ist. *(nachdenklich)* Ja, was ist von Fontane geblieben? Ich finde, es ist doch mehr als nur ein paar Sätze. Und das gilt, meiner Meinung nach, nicht nur für seine Erzählungen, sondern vor allem für seine Briefe.

Er: *(nickt)* Unbedingt. Sie sind so voller Leben, witziger Aussprüche, origineller Situationsschilderungen und kluger Urteile. *(Nach einer kleinen Pause)* Nach dem Tod meiner Frau waren Fontanes Briefwechsel das erste, was ich wieder gelesen habe.

Beide schweigen. Vom Ostufer des Heiligen Sees hört man die Sirene eines Polizeiautos.

Er: *(unvermittelt)* Je älter ich werde, desto besser verstehe ich den

Grafen Petöfy. Der Roman ist ja lange Zeit von der Forschung vernachlässigt worden. *(macht eine wegwerfende Handbewegung).* Gut, der Text hat sicher viele Schwächen, aber sein Titelheld ist ein mutiger und großzügiger Charakter, der nur nicht alt sein will, ein lebenserfahrener Mann, der sagt: »Unser ganzes Leben ist eine Kette von Gnaden, aber als der Gnaden größte bedünkt mich doch die, dass wir nicht wissen und nicht wissen sollen, was der nächste Morgen uns bringt. Und weil wir's nicht wissen sollen, sollen wir's auch nicht wissen wollen.«

Sie: *(nickt)* Ja, der Graf ist ein ungewöhnlicher Charakter, unabhängig, vielleicht altmodisch, aber mit einem klaren Urteilsvermögen. *(temperamentvoll)* Wenn ich da an diese jämmerlichen Walser-Helden denke, die im Umgang mit jungen Frauen so gar keine Souveränität haben ... Wir können, gerade was Lebenseinstellungen betrifft, bis heute viel von Fontane lernen.

Eine Weile schweigen beide und beobachten einen vorbeiziehenden Vogelschwarm. Eine Schar von Touristen stürmt die Terrasse des Marmorpalais.

Er: Was liest man denn in der Schule von Fontane?

Sie: Bei jungen Leuten kommen seine Romane und Novellen gar nicht gut an; höchstens noch seine Krimigeschichten, »Unterm Birnbaum« etwa. Auch meine Schwester ist Deutschlehrerin. Sie unterrichtet an einem Gymnasium in Niedersachsen. Ihrer Erfahrung nach steht Fontane von allen älteren Autoren im schlechtesten Ruf. Er sei zum Gähnen langweilig. Zu viel »Geschichtskram« und viel zu wenig action.

Er: *(neugierig)* Gilt das denn auch für Fontanes Außenseiter? Er hatte eine Schwäche für die Outlaws, die ein ganz selbstbestimmtes Leben geführt haben, wie das Hoppenmarieken aus Hohen-Vietz. *(setzt hinzu)* Oder denken Sie an Grete Minde.

Sie: Ja, es geht ja oft um das Unterliegen schwacher Menschen gegen alltägliche Verhältnisse, um Anpassung an soziale Normen und um Regeln, man könnte auch sagen, um die melancholische Schönheit von Resignation. Das mögen die Schüler aber nicht. *(sie ballt die Faust)* Die Helden sollen stark sein. Wenn sie scheitern, dann im Kampf, dann nur gegen mächtige Gegner. Wie sagt man? Wer den Alltag erträgt, ist der wahre Held. Doch das weiß man noch nicht zu schätzen, wenn man jung ist.

Er: Und »Schach von Wuthenow«? Das ist doch eine heftige Kritik an diesem für uns so befremdlichen Ehrenkodex der preußischen Eliten. Vielleicht liest man nur die falschen Texte von ihm. Oder vielleicht, entschuldigen Sie den Einwand, packen viele Lehrer das auch falsch an.

Sie: *(nachdenklich)* Ja, vielleicht. Manches ist doch weit weg für heutige Generationen. »Religiöses, sentimentales G'schwätz!« So haben meine Schüler das Schlusskapitel aus »Schach von Wuthenow« kommentiert. Sie fanden den Brief, den Victoire aus Rom schreibt, »voll daneben«. *(seufzt)* Vielleicht hätte ich eine Exkursion nach Potsdam ansetzen müssen. Mit den Schülern wie damals Frau von Carayon, *(deutet nach hinten auf das Marmorpalais)* hier ins Marmorpalais oder nach Paretz fahren müssen, um den König zu treffen? Mein Schulleiter hatte dafür kein Verständnis und natürlich erst recht keine Ahnung von Uwe Johnsons »Jahrestage«. *(wendet sich zu ihm)* Auf dessen Fontane-Kapitel haben Sie doch angespielt, nicht wahr?

Er: *(nickt)* »Und wir hatten bei ihm das Deutsche lesen gelernt.«

Eigentlich sollte man das Verfahren des Praktikanten We-
serich aus den »Jahrestagen« allen Germanisten und allen
Deutschlehrern als Pflichtlektüre verordnen.

Sie: Da bin ich ganz Ihrer Meinung. Und wie Uwe Johnson Fontanes Text aus Gesine Cresspahls Sicht beschreibt – das ist
für mich wirklich große Kunst. Ich finde die Zusammenfas-
sung des Romaninhalts einfach genial. »Der König befiehlt
ihm die Heirat, macht er denn auch; aber er erschießt sich
nach dem Mittagessen. Den Namen und das Kind, das lässt
er ihr.«

Er: Ja, Uwe Johnson hat Fontane sehr bewundert und gut gekannt. Aber die »Jahrestage« haben Sie doch nicht etwa auch
für Ihren Enkel gekauft?

Sie: *(schüttelt lachend den Kopf)* Nein, um Himmelswillen. So viel
Text! Das würde er höchstens als Comic akzeptieren. Des-
wegen habe ich schweren Herzens auch davon Abstand genommen, ihm den Fontane-Roman von Günter Grass zu
schenken. Obwohl ich persönlich ein echter Fan des Akten-
boten Fonty bin. Für mich ist »Ein weites Feld« einer der
ganz großen Deutschlandromane, egal wie Reich-Ranicki
über ihn geurteilt hat. Was gibt es Genialeres als Fontys
Vortrag in der Kulturbrauerei am Prenzlauer Berg, bei dem
Günter Grass Fontanes Figuren im Paternoster der Treu-
hand auf und ab fahren lässt?

Er: *(lacht)* Da kann ich Ihnen nur uneingeschränkt zustimmen.
Und wenn ich eines der Kinder zu Mc Donalds begleite,
dann steht mir Fontys Geburtstagsfeier vor Augen. Das ist
auch so ein Highlight im »Weiten Feld«. Einer meiner Enkel
verlangt dann immer, dass ich ihm eine Fontane-Ballade
vortrage. Vielleicht hätten Sie doch einen Versuch wagen
sollen und Ihren Enkel damit überraschen können.

Sie: *(lachend)* Oh, gut, dass er das jetzt nicht gehört hat. Sonst würde er mir sicher den Deal vorschlagen: Ich lese den Roman, wenn du mir bei Mc Donalds eine Fontane-Ballade vorträgst. *(schüttelt den Kopf)* Ich glaube, ich wäre keine gute Vortragskünstlerin.

Er: Nun, wer weiß! Auch in unserem Alter braucht man Herausforderungen!

Sie: *(energisch)* Aber man kennt auch seine Grenzen!

Er: Na, die Buchhandlung Bürgel hat ja mit Ihnen ein gutes Geschäft gemacht. *(neugierig)* Was haben Sie denn noch alles in Ihren Wundertüten?

Sie: *(greift in eine der Tüten und zieht ein Buch heraus)* Diese Auseinandersetzung mit Fontanes Frauen habe ich für mich gekauft. *(sie liest den Titel vor)* »Burkhard Spinnen: Und alles ohne Liebe«. Ich bin schon sehr gespannt auf Theodor Fontanes »zeitlose Heldinnen«. Natürlich gibt es ein Kapitel zu »Effi Briest«. *(lässt das Buch sinken)* Ja, die schwierige Kindfrau Effi! In Bayern ist der Roman übrigens Pflichtlektüre für die gymnasiale Oberstufe.

Er: Zu »Effi Briest« fällt mir spontan Amos Oz ein. Er hat das Einleitungskapitel von Fontanes Roman sehr gelobt. Es sei ein Naturbild, in dem sich nichts zu regen scheint. Oz beschreibt den Schatten, der sich durch den Garten bewegt, liest die Landschaft, die unter diesem Schatten sichtbar wird, als eine symbolische Struktur und öffnet uns damit den Blick für eine ganze Partitur, die in der Ouvertüre schon angelegt ist. Übrigens hat auch Peter Härtling in seinen Frankfurter Poetik-Vorlesungen das Anfangskapitel zum Anlass genommen hat, Fontanes Ringen um die Konzeption der Effi-Figur zu schildern. Ja, das »Gequäle mit dem Stoff« ist kein Privileg Fontanes gewesen. Viele Probleme beim

Schreiben haben sich nicht verändert. Aber entschuldigen Sie, nun doziere ich schon wieder.

Sie: Nein, nein, überhaupt nicht. Mir fallen spontan Christine Brückners »Ungehaltene Reden ungehaltener Frauen« ein, in denen sie auch Effi Briest einen Monolog widmet. Ja, und ihre Romantrilogie über die Gutsherrentochter Maximiliane von Quint aus Hinterpommern, die mit dem Titel »Jauche und Levkojen« ein Fontanezitat aus einem Brief aufgreift, ist übrigens kein schlechter Unterhaltungsroman, finde ich.

Er: Ja, zur »Effi Briest« haben sich viele Gegenwartsautoren geäußert. Soweit ich es weiß, hat man vor allem in Frankreich die Liebesleidenschaft in diesem Roman vermisst. Und die Kritik an der Rolle der Frau ist natürlich in der europäische Literaturtradition auch ganz anders, viel pointierter formuliert worden.

Sie: *(nickt)* Thomas Hardys »Tess von den d'Urbervilles« hat beispielsweise meiner Tochter wesentlich besser gefallen als die »Effi Briest«. *(seufzend)* Nun, das alles sind Themen, die konnte ich mit meinen Schülern natürlich nicht besprechen. *(beugt sich zu ihm)* Wissen Sie, ich genieße es so sehr, endlich nicht mehr Schulaufsätze, Klausuren und Lehrpläne lesen zu müssen.

Er: *(traurig)* Was Sie vorhin über die Schüler sagten, das kann ich für die Studierenden nur unterstreichen. Auch den Germanistikstudenten kann man heutzutage *(mit Betonung)* vieles nicht mehr abverlangen. Man muss froh sein, wenn sie die Texte einigermaßen verstehen. Gründliche Quellenarbeit empfinden viele als Zumutung. *(macht eine wegwerfende Bewegung)* Ja, auch die meisten Literaturstudenten finden Fontane leider nur langweilig. Da spricht mir Günter Grass aus dem Herzen.

Sie: *(überrascht)* Ach, inwiefern?

Er: Im »Weiten Feld« beschreibt eine Germanistikstudentin ihre Fontane-Lektüre mit »Irgend was mit Verwirrungen und Schach von Sowieso.« Und dann erklärt sie Fonty noch, dass man selbstverständlich nicht alle diese öden Originale lesen müsse. »Kurzfassungen genügen und außerdem gäbe es ja die Sekundärliteratur.«

Sie: *(laut lachend)* Nun, mit dieser Form des Minimalismus müssen wir Lehrer uns schon lange herumschlagen. »Gibt's dazu einen Film?« Diese Frage kam immer und glauben Sie mir, das hat mich jedes Mal auf die Palme gebracht.

Er: Ja. Nun muss ich aber auch bekennen, dass Günter Grass natürlich nicht ganz unberechtigt gegen die westdeutsche Literaturwissenschaft ausholt. Der Originaltext oder der Urtext als Vorwand für den Diskurs über das, was Literatur ausmachen soll, all die akademischen Plattitüden über diskursanalytische Dechiffrierung, Subtexte und den interkulturellen Kontext, das hat für viele doch etwas von einem Geheimcode. »Das kann einem die Freude an der Literatur schon ganz schön vermiesen,« hat eine meiner Enkelinnen mir kürzlich gestanden. Leider musste ich ihr Recht geben.

Sie: *(nickt)* Ja, das war aber schon zu meiner Zeit so. Auch ich habe mich über arrogante Dozenten geärgert, die hinter einem aufgeblasenen Fachchinesisch nur zu kaschieren versuchten, dass sie viele Texte gar nicht gelesen, dass sie höchst selten in Archiven Zeitschriften und autobiographisches Material eingesehen hatten.

Er: Sie haben aber auch viele andere Verpflichtungen, das muss ich nun schon zur Ehrenrettung meiner Kollegen sagen.

Sie: Zum Glück gab es auch die anderen, die Literaturenthusiasten. *(langsam)* Ich bin gespannt, wie es meinem Enkel mit seinem Fontane-Projekt in der Schule ergehen wird. Am meisten interessiert mich natürlich seine Reaktion, wenn ich mit meinen Fontane-Büchern ankomme.

Er: Das kann ich mir vorstellen. Auch mich haben die Kommentare meiner Studenten immer wieder überrascht. Und auf manches wusste ich keine Antwort. Eine Studentin hat mich einmal gefragt, weshalb Fontane in keinem seiner Romane und Novellen einen Journalisten zur Hauptperson gemacht hat. Er sei doch selbst jahrzehntelang Zeitungsredakteur gewesen. Ich konnte eigentlich nur mit Doktor Pusch aus dem »Stechlin« argumentieren.

Sie: *(überlegt eine Weile)* Ja, sie hat Recht. Das habe ich mir noch gar nicht überlegt. Aber es fehlen auch andere Berufsgruppen: Fotografen, *(denkt kurz nach)* Richter, Ingenieure ...

Er: Zu deren Arbeitswelt hatte Fontane keinen Zugang. Und allgemeine Plattheiten á la »Gartenlaube« verbat er sich. Nun, ich denke, für die Fontaneforschung gibt es noch vieles zu untersuchen, zu entdecken. Allein zum Beispiel seine Projekte, die er nicht umgesetzt hat.

Sie: In der Tat. Das wäre interessant. *(sie beugt sich zum ihm)* Können Sie sich vorstellen, dass ich einmal in einer neunten Klasse ausgerechnet mit einem ungeschriebenen Roman Fontanes den größten Erfolg hatte?

Er: *(überrascht)* Ach, das erstaunt mich jetzt aber. Und welcher Text? »Allerlei Glück«, vermutlich?

Sie: Nein, nein, es ging um die »Likedeeler«.

Er: *(amüsiert)* Aha, Revolutionäre hatten Sie; Kommunisten, die sich an dem Gleichteiler-Projekt berauscht haben?

Sie: Von wegen! Klaus Störtebeker, der Seeräuber, der mit abgeschlagenem Kopf noch die Reihe seiner Genossen abschreitet, das war der Knüller. Fontane spielte dann eher eine untergeordnete Rolle.

Er: *(lacht laut, sieht dann auf die Uhr und stutzt)* Ach, du liebe Güte. Ich habe ja die Zeit völlig vergessen. Oh, Entschuldigung, nun muss ich aber los. Ich habe noch einen Termin in Tegel.

Sie: *(während sie in einem kleinen Fontanebüchlein blättert und zitiert)* »Es gibt wenig Menschen, die, über eine Stunde hinaus, noch irgend was Neues sagen können.« *(lacht, verbeugt sich dann)* Damit sind Sie selbstverständlich nicht gemeint. Im Gegenteil! Ich habe mich schon lange nicht mehr so gut unterhalten.

Er: *(steht auf und verbeugt sich vor ihr)* Ich auch nicht. Für die charmante Unterhaltung kann ich mich nur mit Fontane revanchieren: »Blaue Havel, Grunewald,/ Grüß mir alle beide,/ Grüß und sag, ich käme bald, /Und die Tegler Heide.«

Sie: *(indem sie ebenfalls aufsteht und die Bücher auf den Fahrradständer packt)* Und ich danke ganz herzlich für so viele Anregungen. Morgen fahre ich übrigens mit meinem Enkel ins Eierhäuschen. Der Name hat ihn fasziniert. Und das hat ihn mehr begeistert, als mein Vorschlag, Schloss Meseberg und Gransee zu besuchen. »Ach, Omama, wenn die Merkel bald nicht mehr Kanzlerin ist, dann interessiert sich niemand mehr dafür.«

Er: *(steht ebenfalls auf)* Nun, dann wünsche ich Ihnen viel Erfolg bei Ihrer pädagogischen Aufgabe. Ich hoffe, wir treffen uns hier mal wieder.

Sie: Das hoffe ich auch. Kommen Sie gut nach Tegel.

II. Dialog

Ein Babelsberger Projektgespräch über Fontanes Medientauglichkeit

Vor dem Café am Kleinen Schloss im Park von Babelsberg. Ein junger Mann sitzt an einem Tisch und ist in sein Smartphone vertieft. Er reagiert erst, als die junge Frau, die mit dem Fahrrad gekommen ist, ihn direkt anspricht.

Sie: Hey. Ich konnte nicht früher. *(sie stellt ihr Fahrrad ab, setzt sich, legt ihr Smartphone auf den Tisch)*

Er: Hey. Ich bin froh, dass du Zeit hast.

Sie: Deine Nachricht klang ja alarmierend. Was hast du für ein Problem? Wozu brauchst du mich?

Er: Ich habe dir doch erzählt, dass ich eine Praktikantenstelle bei der Brandenburg-Film-AG bekommen habe. Und nun soll ich an der Konzeption eines Filmes mitwirken zu – Theodor Fontanes zweihundertstem Geburtstag.

Sie: *(lacht schallend)* Du und Fontane! Ausgerechnet!

Er: *(nickt)* Ja. Ausgerechnet Fontane! Für den habe ich mich noch nie interessiert. Deutscher Realismus – das ist so etwas von old fashion! Aber das kann ich dem Mayer – *(beugt sich zu ihr)* das ist der Mensch, der das Projekt leitet – nicht sagen. Also sehe ich mir gerade die Liste mit Fontane-Filmen durch. Das ist deprimierend. Ich kann mir nicht vorstellen, dass man über den altmärkischen Provinzliteraten noch einen interessanten Film machen kann.

Sie: Ob der Film floppt oder nicht, ist ja nicht dein Problem. Du musst ihn ja nicht vertreiben. Also, wofür brauchst du mich konkret?

Der Kellner kommt.

Er: Zwei Cappuccino, bitte. *(er richtet sich wieder an sie)* Du hast doch gesagt, du hast dich mit Fontane beschäftigt, im Studium, und dass du jetzt auch als Lehrerin Fontane in der Schule liest. Obwohl ich mir nicht vorstellen kann, dass so ein Methusalem die Kids von heute überhaupt noch interessiert. Diese altmodischen Geschichten reißen ja keinen vom Hocker.

Sie: *(lächelnd)* Meine Schüler finden Fontane gar nicht so old fashion! Du täuschst dich. Fontane hat ganz modern geschrieben.

Er: *(unterbricht sie ungeduldig)* Ja, modern, weil er die preußische Offizierskaste kritisiert hat und jemanden wie diesen verwirrten adeligen Trottel Botho von Rienäcker über sich selbst sagen lässt: Was kann ich werden: Kunstreiter, Oberkellner oder Croupier?

Sie: Ja, ja. Nun hast du als Argument noch die Kritik am preußischen Ehrenkodex und an den märkischen Landjunkern gut und ...

Er: *(unterbricht sie)* ... außer bestimmten Themen gibt es da ja nichts Modernes. Fontanes Stil, also, ich meine, seine Sprache ist doch *(er wedelt mit der Hand)* so etwas von altmodisch, hausbacken.

Der Kellner bringt den Cappuccino.

Sie: Danke. *(energisch)* Aber nu' mal Butter bei die Fische: Wozu brauchst du mich?

Er: Ich brauche dieses Praktikum. Und da muss ich mich eben auf Fontane einstellen.

Eine Weile schweigen beide und blicken auf den Tiefensee. Sie wischt auf ihrem Smartphone.

Sie: Von wegen überholt, unmodern! Warum glaubst du, haben das die Leute gelesen? Hör dir das doch mal an. Das ist aus dem Kapitel »Ausflug im Herbst zum Schloss Charlottenburg« *(sie nimmt ihr Smartphone und liest vor)*: ‚Es regnet. Auf den Plüschbänken des Charlottenburger Omnibus sitzt ein Halbes Dutzend fröstelnder Gestalten, gleichgültig oder verstimmt, jeder einen abtröpfelnden Alpakka in Händen. Keiner spricht. Ein Dunst, wie wenn Wäsche trocknet, nebelt um uns her und ein Kautschukmantel neben mir ist nicht angetan, die klimatischen Verhältnisse zu verbessern.‘ Knappe Sätze, jeder kann sich die Situation vorstellen. Das ist moderner Journalismus.

Er: Eine gute Reportage ist doch noch keine Kunst. Außerdem, wen interessiert heute schon ein Regenausflug nach Charlottenburg! Aber, sei es drum – ich brauch dich.

Sie: Ja, obwohl ich nicht weiß, was euch das nützt. Ich habe meine Zulassungsarbeit über einige von Fontanes Frauenfiguren geschrieben. »Die Geschlechterkonfiguration in Fontanes Berlin-Romanen. Zur Codierung des Sexuellen und der Rolle der Leserin. Eine Diskursanalyse zum Mythos des Ungesagten bei Fontane«, so lautete das Thema. *(sie lacht)* Also daraus kann man keinen Erotik-Thriller machen.

Er: Darum geht es auch nicht. Aber der Mayer will möglichst viele Fachmeinungen einholen. Er will sogar Schüler befragen. Etwa, ob heute noch Fontane-Balladen gelesen werden.

Sie: Na, dazu viel Spaß! In meinem Unterricht schon. Aber da bin ich, glaube ich, eine Ausnahme. Ich lese ihn auch privat. Und zwar freiwillig. Ich finde seine Briefwechsel richtig amüsant. Und ich gehöre zu den Leuten, die Fontanes autobiographische Texte kennen. Ich mag seine Sprüche, etwa: »Anständige Menschen werden immer miteinander fertig.«

Er: (*ungeduldig*) Ja, ja. Die berühmten Lebensweisheiten. Da kann ich doch gleich Goethe oder Wieland lesen. Die haben das bedeutend besser formuliert.

Sie: Das mag schon sein. Trotzdem, Fontane ist moderner.

Er: Modern, von wegen. Immer nur idealisieren, verklären, harmonisieren ...

Sie: *(unterbricht ihn)* Ach, nun lass es gut sein mit deinem Fontane-Frust. Was konkret brauchst du von mir?

Er: Mayer will wissen, ob Fontane schon hier in Babelsberg gewesen ist?

Sie: Wieso denn das?

Er: Na, Lokalkolorit.

Sie: *(überlegt)* Na, eine Fontanestraße gibt es zumindest. Da fährt ein Bus entlang. Den könnt Ihr ja mit der Kamera begleiten. Aber, eigentlich gibt's auch in Berlin eine Fontanestraße und ich wette mal, in allen kleineren und größeren Orten all überall in Brandenburg. Von wegen Lokalkolorit. *(tippt etwas in ihr Smartphone)*

Er: Ich glaube, der Günter Jauch ist einer der Sponsoren. Das ist sicherlich auch so ein Fontane-Fanatiker. Und davon gibt es hier in Potsdam einige. Mayer denkt wohl, der Film kommt besser an, wenn irgendwie auch Babelsberg vorkommt. Das lässt sich filmisch authentischer rüberbringen. An den Berliner Schauplätzen zu filmen, das würde außerdem wesentlich mehr Geld kosten, hat mir der Mayer anvertraut. Hier in Babelsberg dagegen gibt es schon eine entsprechende Infrastruktur.

Auf dem Kiesweg vor der Terrasse fährt eine Gruppe chinesischer Touristen vorbei.

Sie: *(deutet auf die Radfahrer)* Vor allem musst du deinem Herrn Mayer sagen, dass er den Film an einen chinesischen Vertrieb schicken soll. Das sind die zahlungskräftigen Touristen, die dein Chef doch sicherlich für das Jubiläum fontane.200 im Blick hat.

Er: Wenn ich an diesen dümmlichen Chinesenspuk in der »Effi Briest« denke, dann kann ich mir die Begeisterung der chinesischen Touristen nicht vorstellen.

Sie: Du meinst den Angstapparat, der die junge Ehefrau unter Kontrolle halten sollte? Ist doch aus männlicher Sicht ganz realistisch, die Sorge des Langweilers Innstetten.

Er: Ja, ja! *(ungeduldig)* Aber zurück zu Fontane in Babelsberg.

Sie: *(zeigt auf ihr Smartphone)* Babelsberg hieß früher Nowawes.

Er: Ja, und –?

Sie: *(nimmt ihr Smartphone)* Hier. Ich hab mich mal schlau gemacht. Fontanes Roman »Vor dem Sturm«, Ausflug nach Kloster Lehnin. Das ist im dritten Teil, Kapitel fünfzehn. Lewin von Vitzewitz, der Held der Geschichte, und Kathinka, eine schöne Polin, die er heiß verehrt ...

Er: ... begehrt gibt es ja nicht beim prüden Fontane ...

Sie: Unterbrich mich nicht! Also, Lewin und Kathinka unternehmen eine Schlittenfahrt gemeinsam mit anderen adeligen Damen und Herren. Am Kleistgrab am Wannsee vorbei, am Griebnitzsee entlang und über Kohlhasenbrück geht es nach Nowawes, zum Brauhausberg, zum Neuen Palais, Golmer Bruch ... *(sie liest, während sie wischt)*

Er: *(zunehmend ungeduldig)* Schlittenfahrt, wo bitteschön sollen wir so etwas drehen?

Sie: *(liest weiter)* »Eine Minute später, und die verschneiten Weberhäuser von Nowawes, nicht viel größer wie winterliche Grabhügel, lagen zu beiden Seiten ...«

Er: *(seufzt)* Du lieber Himmel! Grabhügel. Das will der Mayer sicherlich nicht hören.

51

Sie: *(legt das Smartphone auf den Tisch)* Mehr scheint es nicht zu geben, zu Babelsberg.

Er: *(resignierend)* Dachte ich mir schon.

Sie: Hast du dir eigentlich schon die schönen alten Filme aus der DDR-Zeit zu Fontanes Wanderungen in der Mark Brandenburg angesehen?

Er: Ja, kenn' ich. Wir wollen aber keine Doku über Trabis und ähnliche DDR-Kuriositäten.

Sie: *(sieht einer Nebelkrähe zu, die eine Nuss im Schnabel hält und über den Rasen hüpft)* Dir ist aber auch nicht zu helfen! *(überlegt einen Moment)* Dann fahrt doch raus nach Marquardt. Da habt ihr alles. Ein brüchiges Schlossgebäude, den Hinweis auf den Geheimbund der Rosenkreuzer und einen korrupten Minister, den Herrn von Bischofswerder, der diesem drögen König mit den vielen Frauen gedient hat. *(lacht)* Spiritistische Sitzungen, das wär's doch. Na, die Texte aus Fontanes Wanderungen könnt ihr aber nur zum Teil übernehmen. Das Urteil, das er dazu abgegeben hat, ist viel zu ausgewogen. Das hat nichts Sensationelles. *(dann rasch)* Oder, was ist mit dem Eierhäuschen aus dem »Stechlin«? Das ist inzwischen doch auch wieder saniert. Da könnten wir uns auch mal treffen.

Er: Eierhäuschen? Das sagt mir nichts.

Sie: Das war ein berühmtes Ausfluglokal in Treptow, direkt an der Spree. In seinem letzten Roman, im »Stechlin«, beschreibt Fontane eine Fahrt des jungen Woldemar dorthin – mit den beiden Schwestern Melusine und Armgard.

Er: *(uninteressiert)* Du verstehst das nicht. Es muss Babelsberg vorkommen. Gibt es da nichts?

Sie Eher unwahrscheinlich. Babelsberg oder Nowawes war ja ein Industriestandort. Hier wohnten die Weber. Mit den

Arbeitern hatte es Fontane nicht so. Jedenfalls nicht nach der Niederschlagung der 48er Revolution. Da hat er zum Glück seinen Kopf aus der Schlinge gezogen. *(überlegt einen Moment)* Und die Treibelsche Villa steht gleich auf dem Fabrikgelände. Aber nicht in Babelsberg, glaub ich jedenfalls nicht.

Er: Du lieber Himmel! Jenny Treibel brauchen wir nicht. Dazu gibt es einen Film.

Der Kellner kommt und legt eine Speisekarte auf den Tisch.

Er: Möchtest du ein Eis? Früher hast du doch immer und überall Eis gegessen. Daran erinnere ich mich.

Sie: Danke, gerne. *(zum Kellner)* Ein großes gemischtes Eis bitte, aber ohne Sahne. *(sachlich)* Es gibt schon eine ganze Reihe von Filmen über Fontane, über sein Leben; einige seiner Romane sind verfilmt worden, seine Wanderungen durch die Mark.

Er: Wem sagst du das! *(lacht)* Wusstest du, dass die UFA kurz vor Kriegsende »Mathilde Möhring« verfilmt hat? Mit der Heidemarie Hatheyer.

Sie: Ach, das war doch die ‚Geierwally‘ der Nazi-Propaganda, stimmt‘s?

Er: *(nickt)* Und die DEFA hatte dann keine Skrupel, diesen »Witwentröster«, wie die Nazis den Film nannten, mit dem Titel »Ich glaube an dich« ein paar Jahre später herauszubringen.

Sie: Der wird sicherlich im Jubiläumsjahr auch gezeigt werden. Dann gibt es, in Brandenburg zumindest, einen richtigen Fontane-Hype. Da wirst du dich schwertun, etwas völlig Neues zu kreieren.

Er: *(nickt sorgenvoll)* Das habe ich dem Mayer auch gesagt. Aber wahrscheinlich kriegt er hohe Subventionen. Da muss eben ein Fontane-Film rauskommen. Alle diese kanonisierten

Dichter werden zu jedem Jubiläum aus der Mottenkiste geholt.

Sie: Nur kein Neid!

Er: *(kämpferisch)* Stimmt doch. Sonst liest die ja auch keiner. Außerdem gäbe es genügend andere, ja auch Frauen, über die man etwas machen könnte: Hedwig Dohm, Fanny Lewald, Johanna Kinkel.

Sie: Na, du bist ja ganz schön informiert. Hätte ich dir gar nicht zugetraut.

Er: Bettina von Arnim hat 2019 ihren 160. Todestag, Rosa Luxemburg ihren hundertsten.

Sie: Ein bisschen viel Tod.

Er: Außerdem kaprizieren die sich neuerdings an der Uni Potsdam auch so auf Fontane.

Sie: *(achselzuckend)* Er war einfach gut. Schlagfertig, vielseitig, ungeheuer sprachbegabt.

Er: Noch altmodischer als Goethe. Nimm »Graf Petöfy«, diesen Theateradeligen und seine schöne Seele, diese abgehalfterte Bühnendiva Franziska. So hießen im 18. Jahrhundert die Kammerzofen in den Komödien. *(redet sich in Rage).* Eine Geschichte ohne echte Verwicklungen. Keine Dramatik. Völlig uninteressant. Keine überzeugende Konfliktsituation. Am Ende heißt es »Entsagen«. Und katholisch wird sie auch noch, diese komische Gräfin, die mal Schauspielerin gewesen sein will und eine Ostseevergangenheit hat – der Vater Pastor und dann betet sie Rosenkranz.

Sie: Geh, der Roman gefällt dir halt nicht. *(sie legt ihm die Hand auf die Schulter)* Ach, Richard, wenn ich dich nicht schon so lange kennen würde und nicht wüsste, dass du am Ende doch nicht so ein Miesepeter bist, wie du immer tust, dann würde ich mich jetzt gar nicht so ins Zeug legen. Aber Fontane lohnt sich, glaub mir. Auch die Lektüre von »Graf Petöfy«.

Er: Wie in Goethes »Wahlverwandtschaften« – Sturm auf dem See! Gott wie symbolisch! Und passieren tut gar nix.

Sie: Das hast du bereits gesagt. *(zuckt die Achseln)* Theaterdiven, die eine bürgerliche Existenz suchen, das war aber Realität im 19. Jahrhundert.

Er: Naja, da wüsste ich andere … *(überlegt eine Weile)* Ach, lassen wir das. Wird Fontane eigentlich auch im Theater gezeigt? Das ist doch heuzutage Mode, dass alle diese Standardprosaisten dramatisiert werden.

Sie: Du denkst an Thomas Mann, Kleist und Kafka, stimmts?

Er: *(nickt)* Ich kann mir allerdings Fontane weder auf der Volksbühne noch im Berliner Ensemble vorstellen.

Sie: Doch, im Theater hier in Potsdam gab's doch kürzlich etwas über Liebesbeziehungen bei Fontane.

Er: *(nickt)* Ich weiß. »Heiraten is gut, Nichtheiraten is noch besser.« Da geht es, glaube ich, um die unstandesgemäßen Liebespaare aus »Irrungen, Wirrungen« und aus der »Stine«. Aber die Details, die muss ich erst noch nachsehen. *(blickt auf sein Smartphone)* Jedenfalls wohl nicht um das seltsame Eheexperiment des Grafen Petöfy.

Sie: Ja, Action gäbe es ja z.B. in Schach von Wuthenow. *(springt plötzlich auf, gestikuliert wild. Am Nebentisch blickt man verwundert)* Du hast mich geschwängert, ich will dich aber gar nicht – oder so. Mit blutverschmiertem Mund. Sie schreit, wirft sich auf den Boden und --- *(sie geht zu ihrem Fahrrad und nimmt einen Pullover aus dem Korb)*

Er: *(trocken)* Vergiss die Klospülung nicht.

Sie: *(setzt sich wieder hin)* Quatsch. Zu Fontanes Zeiten gab es so etwas doch gar nicht.

Er: Macht nichts. Das ist das kreative Element in der Inszenierung.

Sie *(schüttelt den Kopf)* Nein, nein. Das bringt nichts. Fontane muss ja nicht als Schullektüre verkauft werden so wie Kleist, Goethe oder Kafka. Da ist er nicht lukrativ genug. Deshalb interessiert sich kein Regisseur dafür.

Er: Siehste. Also doch Film.

Der Kellner bringt den Eisbecher.

Sie: Dankeschön! *(beginnt das Eis zu löffeln)* Deutschland liest Fontane. Das wäre doch mal ein Projekt. Bundespräsident Steinmeier und Gesine Schwan als Schirmherren …

Er: In der Schirmherrschaft. Du bist gendermäßig nicht korrekt.

Sie: O.k. Also?

Er: Bloß nichts Politisches! Dann treten ein paar AFD-Leute auf und zitieren aus Fontanes Heldenballaden. Ich sage dir, da gibt's verdammt peinliche Stellen.

Sie: *(nickt)* Und erst Fontanes antisemitische Sprüche. Ja, du hast Recht. Das würde nichts bringen, selbst wenn Iris Berben die Schirmherrschaft übernehmen würde. Fontane war bekennender Antisemit.

Er: Was man allerdings von mehr als siebzig Prozent der damaligen Schriftsteller, sofern sie nicht Juden waren, behaupten kann.

Sie: Stimmt. Fontane hat sich vor allem in seinen Briefen oft sehr böse über Juden geäußert.

Er: *(gequält)* Was glaubst du, wie oft ich das vom Mayer in den letzten Wochen gehört habe! *(lacht)* Mir ist jetzt auch klar, warum so viele Leute ein so großes Interesse an Fontanes Briefwechseln hatten und an der Frage, ob und wie man die veröffentlichen oder ob man sie am besten gleich verbrennen soll.

Sie: Ja, ich erinnere mich an die Auseinandersetzungen, die es wegen der Tagebücher Fontanes gegeben hat. *(sie überlegt einen Moment)* Das war in der Nazi-Zeit. Der damalige Besitzer der Villa Schöning, Paul Wallich ...

Er: Ist das die Villa an der Glienicker Brücke?

Sie: *(zeigt mit dem Eislöffel in die Richtung)* Ja, wenn man nach Potsdam reinfährt, gleich rechts. Paul Wallich hatte die Tagebücher Fontanes erworben. Wallich war Jude. In der Pogromnacht hat er sich umgebracht. Die Tagebücher blieben verschollen. Das kann man bei Professor D'Aprile nachlesen. Habt ihr den schon besucht?

Er: *(grinst)* Wichtige Persönlichkeiten kontaktiert der Mayer selbst.

Sie: Apropos wichtige Persönlichkeiten. Da fällt mir ein, für Fontanes Verhältnis zum Judentum kann man Günter Grass zitieren: »Was für eine wackelige Meinung zur Dreyfußaffäre!« Fontanes Ambivalenz haben die beiden Helden von Günter Grass, Fonty und Hoftaller, im »weiten Feld« schon gut auf den Punkt gebracht.

Er: Also der Roman von Grass »Ein weites Feld« war bei seinem Erscheinen ja auch höchst umstritten, das bringt gar nichts. Also nun mal ernsthaft ...

Sie: *(überlegt einen Moment)* Ich erinnere mich an einen Fragebogen, den Fontane ausgefüllt hat. ‚Welche Eigenschaften schätzen Sie an einer Frau? – Caprice'. Welche Fehler ...

Er: *(fällt ihr ins Wort)* Kenn' ich. Da heißt es auch: ‚Welches ist ihre Lieblingsbeschäftigung? – Schlafen.' Glaubst du, dass das gut ankommt? Ich nicht. Also noch mal, ernsthaft!

Sie: Und das Museum Barberini? Habt ihr da schon angefragt?

Er: Wieso? Wir wollen einen Beitrag zu Fontane machen, über *(nachdrücklich)* Theodor Fontane. Und was der ganz sicher nicht gemacht hat, war zeichnen. Gott sei Dank! Das hätte gerade noch gefehlt!

Sie: *(einlenkend)* Ja, reg dich nicht auf. Vielleicht lässt sich etwas über Fontanes Schreibmaterialien konstruieren.

Er: Wie das denn?

Sie: Fontane hat exklusiv Schwanenfedern benutzt, auch als Stahlfedern schon lange üblich waren. Er kokettierte aber gerne damit, ließ sich so porträtieren. Die Federn kamen von Havelschwänen. Mal sehen, ob ich da was finde.

Er: Bloß nicht. Sonst haben wir alle Naturschützer an der Backe.

Sie: Kennst du die Reportage Fontanes über die Havelschwäne? Das kann man sicherlich sogar als Umweltklassiker aufbereiten. Es gab nämlich eine genaue Trennung zwischen den unteren und oberen Havelschwänen. Die Grenze war exakt die Glienicker Brücke. Fontane beschreibt auch, wo die Schwäne im Winter gefüttert wurden, nämlich am Stadtschloss, an der Schwanentreppe, gleich neben dem heutigen Landtag. Gerupft wurden die Schwäne in Pichelswerder. Und zwar von alten Frauen. Die haben die Schwäne ...

Er: *(schnell)* ... So genau will ich das gar nicht wissen. Ich glaub außerdem nicht, dass wir das bringen werden. *(hebt abwehrend beide Hände)* Und das Motiv des Haubentauchers, das hat ja schon Günter Grass ausgereizt. Fontane, der Verdränger, der Spitzel in preußischem Dienst, der Wackelkandidat, der Wendehals, der Versteckspieler oder soll ich sagen, der Lügner? Wie der Haubentaucher, mal da, mal weg.

Sie: *(Das Wassertaxi fährt vorbei, dahinter kreuzt eine Yacht)* Nu beruhig' dich mal wieder. Warum lasst ihr den Film nicht auf dem Wasser spielen. Wasser gibt es hier überall genauso wie Krähen oder Schwäne. Das gibt gute Bilder. Ob Havel oder Spree, Müggelsee oder Teltow-Kanal – Fontanes Geschichten spielen doch oft am Wasser. Er mochte das. Jahre hat er in Swinemünde an der Ostsee gelebt, er hat mehrmals auf Norderney Ferien gemacht, hat über Segelpartien von Köpenick aus berichtet. Mit Flüssen, Seen, Tümpeln, da kannte Fontane sich aus. Denk nur an den »Stechlin«. Und die Schiffstypen genauso wie die Berufe rund um die Fischerei, das hat ihn interessiert, da gibt es z.B. aus den »Wanderungen« unzählige Beispiele.

Er: *(mit beißendem Spott)* Wenn man in Berlin wohnt, wirklich etwas Außergewöhnliches.

Sie: Du willst mich nicht verstehen. Und übrigens, die beste Stelle in »Graf Petöfy« ist meiner Ansicht nach die, in der Franziska über ihre Kindheit an der Ostsee spricht.

Er: *(weist auf ein vorbeifahrendes Motorboot)* Dann sollen wir wohl die »Schwalbe über den Eriesee« fliegen lassen. Aber auch das ist nicht besonders originell.

Sie: Schiff macht sich immer gut. Setzt doch alle Protagonisten in ein Traumschiff, nehmt einen guten Schauspieler als Kapitän und ...

Er: ... Harald Schmidt als Moderator.

Der Kellner kommt.

Sie: Ach, bringen Sie mir bitte noch ein Mineralwasser, ohne Sprudel.

Er: Ja, mir bitte auch.

Sie: Fontane hat schon früh die Phänomene des Massentourismus beschrieben. Schließlich hat er das in England erlebt. Ich sage nur Thomas Cook! Der hat schon vor der Jahrhundertmitte in England Ausflugsreisen organisiert, die extrem günstig waren. Das Prinzip war ganz einfach und ist bis heute gleich geblieben: möglichst viele Menschen am Wochenende in ein Verkehrsmittel zu zwängen. Im Falle Thomas Cook war es die Eisenbahn.

Er: Ja, ich weiß. Cécile fährt auch mit der Eisenbahn in den Harz, nach Thale.

Eine Weile schweigen beide und sehen den Krähen zu, die über den Rasen stolzieren.

Sie: Warum nutzt ihr nicht die Tatsache, dass Fontane ausführlich über Brandenburg geschrieben hat und ein anderer Brandenburger, nämlich Loriot, jedem Deutschen ein Begriff ist.

Er: Du meinst, wir sollen ein Knollenmännchen über Fontane sprechen lassen?

Sie: Ja, warum nicht. *(lacht)* Da gibt es ein Gedicht, das heißt »Wurzels. (Berliner Ehedialoge)« und das hat mich immer so an Loriots Ehedialoge erinnert. Du weißt schon: »Hugo, was tust du?« Bei Fontane geht es um die Ferienplanung. Sie will nach Heringsdorf, er nach Ahlbeck. Sie will nach Joachimstal, er nach Steglitz.

Er: *(lacht)* Das klingt gut. Aber, *(trocken)* wer glaubst du, kann so einen Loriot-Spot finanzieren?

Sie: Ich versteh das Projekt immer noch nicht so recht. Wollt ihr dann doch lieber Fontanes Romane darstellen? Aber das ist auch nicht einfach. Schließlich gibt es relativ wenig äußere Handlung bei ihm.

Er: *(lacht dreckig)* Ja, die entscheidenden Stellen fehlen am Kapitelende. Das weiß ich noch aus meiner Schulzeit. Wir haben »Irrungen, Wirrungen« gelesen. Und die Mädchen haben gehofft, es gäbe ein paar pikante Details, du weißt schon, als Botho mit Lene übers Wochenende verreist. Ja, von wegen. Im nächsten Kapitel heißt es dann ...

Sie: *(fällt ihm ins Wort)* ‚Beide waren früh auf.‘ Also, ich finde das toll. *(mit großem Ernst)* »Das Große spricht für sich selbst; es bedarf keiner künstlerischen Behandlung um zu wirken.«

Deshalb also das Kleine, das Gespräch in geselliger Runde. Wer redet heute schon noch so viel wie Fontanes Helden? Wer sitzt heute noch so lange bei einem gemeinsamen Essen zusammen, einfach um zu erzählen? ‚Wer am meisten red‘t, ist der reinste Mensch‘, das sagt Fontanes alter Ego, Dubslav von Stechlin. Fontane, hat Hans Blumenberg behauptet, sei der Erfinder des Small Talk.

Er: Man hat sich nichts zu sagen und tut es doch andauernd. Reden als Zeitvertreib, Reden über nichts und wieder nichts.

Sie: Ach, Richard. Sei doch nichts so eine Spaßbremse. Eine anregende Konversation ist doch ein wundervoller Zeitvertreib.

Er: *(ungeduldig)* Ja, ja, zu diesen faselnden Aristokraten, da hätte der gute Herr Fontane gerne dazugehört. Das hätte ihm gefallen. Auf du und du mit Albert Graf von Bernstorff, dem preußischen Gesandten in London.

Sie: Ja, ja, »bebeln Sie ruhig weiter!«, würde jetzt der alte Stechlin sagen. Immerhin lässt Fontane in all seinen Romanen nur einen einzigen den Heldentod sterben. *(mit Nachdruck)* Und das ist kein Adeliger.

Er: Ach, wen denn?

Sie: Konrektor Othegraven wird erschossen, weil er den Aufstand der Stadt Frankfurt an der Oder gegen die Franzosen angeführt hat. Also ein Bürgerlicher. Das ist im Roman »Vor dem Sturm«. Das bringt mich zu einem anderen Thema. Die Dialoge in Fontanes Geschichten haben auch sehr viel mit der Veröffentlichungspraxis zu tun. Wenn Fontane eine Erzählung veröffentlichen wollte, dann tat er es zum Beispiel in der »Vossischen Zeitung« und …

Er: … Du meinst, wir sollen ins Zeitungsarchiv gehen und mit der Kamera auf die Titelblätter halten …

Sie: Erwähnen würde ich es schon. Ich halte die Beschreibung von Fontanes Veröffentlichungspraktiken mindestens für so wichtig wie die Erörterung der Frage, ob er den preußischen Adel nun bewundert hat oder nicht.

Er: *(überlegt einen Moment)* Sein Arbeitszimmer haben wir schon rekonstruiert. Apothekenschränkchen und -kästchen hatte er in seinem Büro. Der Professor D'Aprile hat das in seiner Fontane-Biographie sehr schön erläutert und Fontanes Romanschriftsteller-Laden wie einen Kaufladen beschrieben.

Der Kellner stellt die Getränke auf den Tisch.

Sie: Wieso zeigt ihr nicht den jungen Fontane? Wusstest du, dass der auf den Barrikaden gekämpft hat, 1848? Traut man dem alten Herrn gar nicht zu, oder! Und ein Gedicht gibt es von ihm, mit dem Titel »Die Faust in der Tasche«. Da heißt es: »Doch die Wände haben Ohren/ Und kaum weiß ich, wer du bist/ Und ich wäre schier verloren/ Hörte mich ein Polizist.« Wenn das nicht modern ist! Macht ihr auch Aufnahmen in England? Er war ja einige Zeit dort. 1852 hat er als Korrespondent in London verbracht.

Er: Jetzt frag nur noch nach den Berichten von den Schlachtfeldern. Nein, machen wir nicht. Wir drehen auch nicht in Schottland.

Sie: Aha, ich verstehe. Dafür reicht das Budget nicht. Stattdessen gibt es eine ellenlange Einstellung zum Fontane-Denkmal in Neuruppin, zur »sitzenden Bronze«.

Er: *(grinst)* Klar! Die Geburtsstadt werden wir ausführlich zeigen.

Sie Und sicherlich werdet ihr die Beschreibung von Günter Grass zitieren und genauso wie Fonty darüber spekulieren, wo er denn hinguckt, der Wanderer Fontane. Da fällt mir ein, hast du schon eine Genehmigung für die Passagen aus dem »weiten Feld« eingeholt?

Er: Wieso? Grass ist doch schon tot.

Sie: Aber … *(seufzt)* Ach, vergiss es. Dann tritt Guido Knopp auf und sagt etwas Staatstragendes über den Historiker Fontane, über die Hohenzollern und über Bismarck. Dann interviewt ihr den armen Bürgermeister, der sich wochenlang auf die Sekundeneinstellung vorbereitet hat und der erklären soll, was man sich bei dem Denkmalbau so gedacht hat. Bevor der richtig losgelegt hat, gibt es Schnitt und es folgt eine ellenlange Einstellung, in der der Tempelgarten gezeigt wird, weil man da gut isst.

Er: *(grinst)* Das stimmt tatsächlich. Ich war schon dort.

Sie: *(ironisch)* Wie sagte Fontane: »… die trivialsten Sätze sind immer die richtigsten.« Und dann Schwenk, das Alte Gymnasium, und dann sprechen alle in die Kamera die Titel, die ihnen spontan zu Fontane einfallen: »Irrungen, Wirrungen, Unwiederbringlich, Grete Minde, Effi Briest«.

Er: Ich will dir ja nicht die letzten Illusionen rauben. Aber, glaubst du ernsthaft, dass heute in Deutschland noch irgendjemand den Titel eines Fontane-Romans kennt?

Sie: »Effi Briest« kennt jeder. Und in Neuruppin wissen sie sicher noch ein bisschen mehr.

Er: Aber sonst, glaubst du das wirklich?

Sie: Glaub ich wohl. Im bayerischen Abitur war »Mathilde Möhring« Thema.

Er: Gott, Bayern! Ist das noch Deutschland?

Sie: Dann kommt ein Schnitt und eine Stimme belehrt, dass das Fontane-Denkmal im Großen Tiergarten 1908 – 1910 von Max Klein konzipiert worden ist. Dann sieht man Theodor Fontane, stehend im Wanderrock, und die Stimme spricht: *(sie liest aus ihrem Smartphone vor)* »Dass dennoch bei dieser Standfigur ein entspannter Eindruck vermittelt wird, wird dadurch erreicht, dass sich Fontane auf der rechten Seite seines Spielbeins mit Leichtigkeit auf einen Wanderstock stützt. Der Knauf des Wanderstocks berührt dabei dezent die rechte Hüfte, lehnt sich quasi etwas an den Körper. Auf der entgegengesetzten linken Seite wird der Handrücken in die Hüfte gestemmt. Die Hand hält dabei den Wanderhut. Die auf einem Sockel erhabene Standfigur neigt sich um wenige Grad nach vorn, was einer optimierten Ansicht für die Betrachtenden von unten geschuldet ist.«

Er: *(hört lachend zu)* Danke, das genügt.

Sie: Nein, nein. Es geht noch weiter. »Das Fontane-Denkmal im Großen Tiergarten zeigt einen wandernden Schriftsteller, der eine kleine Rast im Stehen einlegt, um die Landschaft zu betrachten. Erstaunlicherweise ist jedoch dabei im Gesicht keine Freude oder Andacht über das Gesehene zu abzulesen. Vielmehr wird über einen ernsthaften, aber auch etwas leeren Gesichtsausdruck eine schwerwiegendere Würde vermittelt.«

Er: Hör auf. Und bitte jetzt kein Beitrag zu Fontanes Grab.

Sie: Nein, keine Angst. Ich hätte aber als Alternative Fontanes Beobachtungen am Kleistgrab zu bieten.

Er: Meinst du Fontanes Beschreibung aus den Wanderungen?

Sie: Ja. Die meine ich. Ein Sonntagsspaziergang zum Grab des größten Dichters Berlins. Fontane schildert eine Familie, Vater, Mutter, Tochter, die in ganz unintellektueller Weise ihre Mutmaßungen über den Mann austauschen, der sich am Wannsee umgebracht hat.

Er: *(nickt)* Ehrlich gesagt, ist mir nicht klargeworden, was Fontane damit ausdrücken will. Sein Kommentar ist typisch für ihn. Nur keine klare Stellungnahme.

Sie: *(geht nicht darauf ein)* Übrigens, habt ihr eigentlich einen Französischsprechenden für die Originaltexte? Fontane hat ja immer großen Wert auf seine französische Herkunft gelegt. Eigentlich ist er ein echter Europäer. Kann man im 19. Jahrhundert nicht von vielen großen deutschen Dichtern sagen.

Er: Dass seine Kinder eine französische Schule besucht haben, dass er sie zum Englischlernen nach London geschickt hat, – ja, mein Gott, das macht keinen Europäer aus. Französisch musste er ja erst lernen, als er ins okkupierte Frankreich fuhr.

Sie: Aber was politisch so läuft in anderen Länder, das hat er sehr genau gewusst. Also, ist er doch ein Europäer. Außerdem war er ein Selfmademan. Er hatte keinen Universitätsabschluss. Genau wie Friedrich Engels übrigens. Fontane gehörte zu keiner preußischen Elite, war ein krasser Außenseiter.

Er: Von wegen Revolutionär! Er war erzkonservativ. Fontane hat sich diesen Eliten angedient. Das ist anders als bei Friedrich Engels.

Sie: Fontane hatte keine Fabrikmillionen im Kreuz. Er hat sich sozusagen beruflich selbst erfunden. Das waren die Männer der Zukunft: Journalisten, Ingenieure, Fotografen. Fontane war Autodidakt. Er hat sich seine Allgemeinbildung selbständig erarbeiten müssen. Und außerdem war er politisch zwar sehr progressiv, aber nicht naiv. Seine Einstellung gegenüber blauäugigen Revolutionären zeigt das. Die hat er immer schon abgelehnt. Er blieb stets unabhängig in seinem Urteil.

Er: *(genervt)* Wenn ich an den Schwachsinn denke, den beispielsweise der Graf Petöfy über die Franzosen oder die Engländer sagt. Die Franzosen nennt er ein Theatervolk, zu den Engländern fällt ihm nur dieser Spruch ein: »Was ist das für ein Volk, vierzig Sekten, aber nur eine Soße.« Mensch, platter geht's nimmer!

Sie: *(geht darauf nicht ein)* Dass Fontane mit Katholiken befreundet war, z.B. mit dem Ehepaar von Wangenheim, sollte man auch erwähnen. Er war gar nicht so stromlinienförmig, wie man unter Germanisten immer glaubte.

Er: Ja, ja, meinetwegen. Vor allem war er auch Apotheker und als solcher kannte er sich aus mit dem Kranksein. Und das finde ich wirklich sympathisch an Fontane – er wusste sehr genau, dass Medizin letztlich nichts hilft. Das erfährst du aus vielen seiner Briefe. »Das Beste langer Krankheit ist, dass man einiges für seine Bildung tun kann.«

Sie: *(nickt)* »Luft und Bewegung sind die eigentlichen Geheimen Sanitäts-Räte, und an denen, die sich so nennen, ist das Beste, dass sie dies mehr und mehr einzusehen beginnen.« Ist auch von ihm. *(lebhaft)* Fontanes Rezept fürs Altwerden. Das ist doch heute in. Und dazu ladet ihr Herrn von Hirschhausen ein, sucht ein paar Fontanes-Zitate übers Glücklichsein und lasst den Hirschhausen darüber schwadronieren. Dazu fahrt ihr nach Buckow in die Märkische Schweiz. Das ist ein Kneipp-Kurort. Da sagt man so etwas. Übrigens war das Ende des 19. Jahrhunderts die große Masche, das mit der Bewegung.

Er: *(ungeduldig)* Und was hat das mit Fontane zu tun?

Sie: Bewegung, das gibt für einen Fontane-Film gute Bilder. *(überlegt)* Obwohl Fontane selbst gar nicht so viel zu Fuß unterwegs gewesen ist.

Er: *(überlegt eine Weile, während er auf sein Smartphone starrt und wischt)*

Sie: Eine Dreherlaubnis für die Löwenapotheke in Neuruppin zu bekommen ist sicherlich nicht schwierig. Ob es die Apotheke in Swinemünde noch gibt? *(sie überlegt einen Moment)* Ich kenne sie nur aus Fontanes Autobiographie. Da spricht er von den Destillierapparaten, Retorten und vor allem von den krankmachenden Gerüchen. Nun, vor alten Apotheken-schränken lässt sich gut über Fontane plaudern. *(nachdenk-lich, dann lachend)* Das ist eines meiner Lieblingszitate: »... die Krankheiten mit ganz fremden Namen ... sind meist nicht so schlimm, wie sie klingen, und bleiben hinter den Krankheiten mit ausgesprochensten deutschen Namen zu-rück«. Und der alte Stechlin entscheidet sich gegen die Was-sersucht und für die Hydropsie. *(beugt sich über den Tisch)* Man könnte Pulver im Mörser herstellen und etwas auf einer kleinen Waage abwiegen und *(lachend)* zeigen, wie Fontane als Junge aus Salpeter und Schwefel Feuerwerkskörper ge-bastelt hat. Vielleicht ist es aber besser, ein paar Textstellen nur im Plauderton vorzustellen. Das hat ja schon Fontanes Papa so gemacht. Die Apotheker waren gebildet und meis-tens organisierten sie Lesezirkel und Kulturvereine.

Er: *(grinst)* Sagt ja einiges aus über ihre berufliche Auslastung. Also war das schon früher so: Der Apotheker zieht den einfachen Leuten das Geld aus der Tasche.

Sie: *(lacht)* Ja, Fontane hat tatsächlich alle möglichen Pülverchen vertrieben. Und er hat sich gerne mit seinen Patienten, sei-nen Kunden unterhalten. Ich glaube, das war das einzige, was Fontane wirklich an diesem Job interessiert hat – na und seinen bankrotten Papa sowieso.

Er: *(vorsichtig, überlegend)* Du meinst, Rezepte zum Altwerden – so etwas hat immer Konjunktur?

Sie: Nicht nur. Fontane hat Tinkturen zu allem Möglichen ver-trieben. Gegen Hühneraugen ...

Er: *(rasch)* So genau will ich das gar nicht wissen. Wieso gibt es dann aber in so wenigen Erzählungen oder Romanen von ihm Apotheker. Ich kenne sowieso bloß den Doktor Alonzo Gieshübler aus der »Effi Briest«.

Sie: Klar, den kennt jeder.

Er: *(von ihrer Reaktion enttäuscht)* Ja, und?

Sie: Wenn du es so genau wissen willst: Fontane hatte einen großen Apothekerroman geplant und ihn wohl auch schon in Ansätzen fertig. »Allerlei Glück« sollte er heißen. *(überlegt)* Ich hab mal einen Krimi gelesen, da tritt Fontane als Ermittler auf und da wird dieses Romanprojekt erwähnt.

Er: Vielleicht sollten wir dieses Buch …

Sie: *(schüttelt den Kopf)* Das wird sicher teuer, wegen der Rechte. Und ein Originalmanuskript, glaube ich, gibt es von Fontane nicht. Wenn ich mich richtig erinnere, dann hat er die verschiedenen Entwürfe später in seine Texte eingearbeitet. Aber sicher weiß ich das nicht mehr.

Er: Ist ja auch egal. Wir nehmen es dann eben nicht. Apropos Medizin. *(beugt sich vor und lächelt sie an)* In dieser Hinsicht kann ich dem alten Fontane tatsächlich etwas abgewinnen. *(er liest aus seinem Smartphone)* Das ist aus »Cécile«: » … denn Luft ist kein leerer Wahn, was **der** am besten weiß, der ihre mannigfachen Arten an sich selbst erprobt hat. Wir gehen einer totalen Reform der Medizin … entgegen, und die Rezepte der Zukunft werden lauten: drei Wochen Lofoten, sechs Wochen Engadin, drei Monate Wüste Sahara … Die große Wirkung der Luftheilmethode liegt in ihrer Perpetuierlichkeit – man kommt Tag und Nacht aus dem Heilmittel nicht heraus.« Urlaub in Permanenz – das finde ich richtig sympathisch.

Sie: Na, siehst du. Du wirst dich doch noch mit Fontane anfreunden. Also, Hirschhausen! Den kontaktierst du. Du weißt ja: »Immer tapfer in die Bresche!«, würde Fontanes Schauspielerin Wanda jetzt sagen. Mach ihm einen Vorschlag. Und dann lässt du ihn Fontane-Rezepte für ein langes Leben zitieren. Macht der bestimmt.

Man hört das Tuten eines vorbeifahrenden Schiffes.

Er: Wäre ich bloß nicht zum Fontane-Jubiläum eingestiegen!

Sie: *(Geht nicht darauf ein, überlegt einen Moment)* Was auch gut einsetzbar wäre, ist die berühmte Standuhr der Fontanes.

Er: Du meinst dieses alte Stück aus dem Museum in Neuruppin?

Sie: Genau das meine ich.

Er: Besonders dekorativ ist das Ding aber nicht.

Sie: Das gibt aber einen roten Faden. In seinen Erinnerungen schreibt Fontane, beim Ticken dieser Wanduhr seien sein Großvater und sein Vater gestorben und auch er wolle beim Schlagen dieser Uhr sterben. *(energisch)* Außerdem war Fontane ja ein Schriftsteller, der seine wichtigsten Erfolge im hohen Alter hatte.

Er: Na ja, so ein Uhrticken hat doch etwas von Memento Mori. Da können wir gleich noch einen Totenschädel daneben legen und da wären wir dann wieder bei den Schlachtfeldern. Nein, so etwas passt zu Mozart, zu all den Großen, die jung gestorben sind, aber doch nicht zu Fontane.

Eine Weile sehen beide einer vorbeiradelnden Schulklasse nach.

Sie: Apropos jung gestorben. Wart ihr eigentlich schon in Paretz, im Schloss der guten Luise?

Er: Wieso?

Sie: Na, auch dazu gibt es einen schönen Wanderbericht. Von Uetz nach Paretz – an einem Sommernachmittag ein entzückender Spaziergang.

Er: Und was ist daran so außergewöhnlich?

Sie: Du musst das selbst lesen. Wie Fontane auf ein paar Seiten Schlossbau, Anlage, Dorfkirche, Erntebräuche, die wichtigsten Stationen im Leben von Königin Luise und ihrem Friedrich Wilhelm schildert, so treffend leicht und alles im Blick behaltend, die Störche auf den Weiden, die Schiffe auf der Havel und die Sprüche der Dorfkinder, das ist schon ganz große Kunst.

Er: Wie ist Fontane dorthin gekommen? Mit dem Boot oder mit der Pferde-Bahn?

Sie: Ich weiß es nicht. Ich glaube, mit der Pferde-Bahn. Das kann ich dir aber nicht genau sagen. *(überlegt einen Moment)* 1838 ist die Eisenbahnlinie Berlin-Potsdam eröffnet worden. Da bin ich mir jedenfalls sicher. Vielleicht steht die Pferde-Bahn in irgend einem Museum. Das wäre doch ein schönes Bild: Herr und Frau Fontane auf dem Weg nach Paretz.

Er: *(langsam)* Hm, das klingt gar nicht so schlecht.

Sie: Ihr könntet wie der ganze Hofstaat auch per Boot dahin reisen. Das ist vielleicht billiger. Übrigens gibt es da noch eine sehr schöne Geschichte von Fontane – von einem Ausflug mit einem Segelschiff von Köpenick aus. *(sie weist auf ein Ruderboot)* Ich finde überhaupt – dreht alles vom Wasser aus. Havel, Spree, Griebnitzsee, Stechlin … Und sag jetzt nicht ‚Was das kostet!‘

Er: *(lacht, winkt dem Kellner)* Zahlen, bitte *(zu ihr)* Ich lade dich ein.

Sie: Danke! Ich glaube, dass es gar nicht so sehr Fontanes Erzählungen sind, in denen seine Figuren immer nur zusammensitzen und reden. Ich glaube, seine Modernität liegt daran, dass er permanent unterwegs war. Eigentlich ein ewiger Tourist. Er hat ja auch über die Sommerfrischler, die er Halbnomaden nannte, und die Bildungsreisenden, die Vollnomaden, viele Artikel verfasst. Und er hat diese Touristen genau beobachtet, auf dem Schiff, in der Kutsche, der Eisenbahn, der Pferde-Bahn oder wenn er zu Fuß ging. Und das nicht nur in Deutschland! Überall hat er mit den Schaffnern, den Fährleuten und anderen Reisenden geplaudert, sich lokale Anekdoten von Briefträgern, Bierkutschern und

Schlosskastellanen erzählen lassen, über die Wegelagerei der Gastwirte und das Elend der immer stinkenden Toiletten gejammert. Ein guter Journalist eben. Diese Botschaft müsst ihr vermitteln. Das habe ich dir vorhin schon gesagt.

Er: *(nachdenklich)* Aber ist das wirklich etwas Besonderes?

Der Kellner kommt und legt die Rechnung auf den Tisch.

Sie: Im späten 19. Jahrhundert war das neu. Das sagt auch die aktuelle Forschung, Professor D'Aprile etwa. Im Roman »Cécile« wird die Ankunft der Eisenbahn genau beschrieben. Ich weiß das, weil ich die Stelle schon öfter mit meinen Schülern besprochen habe. Mit blitzenden Feueraugen kommt die Lokomotive heran und die Funken sprühen.

Er: *(legt das Geld auf den Tisch und springt auf)*

Sie: Wo willst du denn hin?

Er: Zum Babelsberger Rathaus. Wir müssen eine Straßensperre anmelden. Ich hätte es beinahe vergessen.

Sie: Also, was sag ich? Höchste Eisenbahn! Wo werdet ihr denn drehen?

Er: Karl-Marx-Straße.

Sie: *(lacht)* Klar, verstehe! Wo die wilden Millionäre wohnen! Schade, dass Maurice Sendak nicht mehr lebt. Der hätte euch sicher ein spannendes Drehbuch geschrieben: Karl Marx und Theodor Fontane im Segelboot auf der Suche nach den Immobilienmonstern am Griebnitzsee. Nachdem die beiden ausführlich über die Bourgeoisie gelästert und deren Vertreter verbal niedergemacht haben, kommt der Abspann. Da informiert ihr dann die Zuschauer, dass Fontane in London auch Karl Marx getroffen hat. Da wäre dann auch wieder Babelsberg im Spiel.

Er: *(grinst)* Eine gute Idee. Das gefällt mir: Marx und Fontane als Vertreter der intellektuellen Habenichtse. Genial, aber ohne

Vermögen. Um den Grundbesitz hat Fontane ja auch den Adel so beneidet.

Sie: *(triumphierend)* Na bitte! Und ich habe noch ein Zitat für dich. Fontane hat auch gestanden: »Mein Geschriebenes drucken zu lassen und zwar zu besten Honoraren, hab ich keine Schwierigkeiten; mir kommt es darauf an, Geld zu kriegen ohne zu schreiben. Das ist das Geheimnis schriftstellerischen Wohlergehens.«

Er: Der Arme! *(mit Betonung)* Heute könnte er sich von seinen Tantiemen locker eine Riesenvilla in Babelsberg kaufen. *(nickt)* Damit hast du mich jetzt wirklich überzeugt.

Sie: Siehst du. So kannst du aus Theodor Fontane doch noch einen zeitgemäßen Autor machen. Wie wäre es mit dem Marx-Zitat: »Das Reich der Freiheit beginnt da, wo Arbeit aufhört.« Das würde dann auch zu Fontane passen. Ich muss los. Meine Korrekturen liegen zuhause auf dem Schreibtisch und diese Arbeiten machen sich leider auch nicht von alleine. *(steht auf und geht zu ihrem Fahrrad)*

Er: Ich danke dir! Ciao, Bella!

Sie: Ciao, ciao!

III. Dialog

Auf dem Pfingstberg: Fünf Schüler machen sich
Gedanken zu Fontanes zweihundertstem Geburtstag.
Ein ziemlich hilfloser Diskurs über Fontanes Balladen
und Novellen

*Fünf Schüler sitzen auf der untersten Plattform des Belvedere auf dem
Pfingstberg. Sie sind Teil eines »Austauschprogramms«. Drei Potsdamer
und zwei bayerische Gymnasiasten. Jeder der Fünf hat einen Ordner
vor sich und sein Smartphone in der Hand. Daneben liegen ein paar
Bücher von Fontane.*

1. Schüler: Vielleicht sollten wir uns am Wochenende mal treffen
   und in der Mark Brandenburg wandern. Hat meine Mutter
   vorgeschlagen. Zum Herrn von Ribbeck zum Beispiel.
2. Schüler: Wandern? *(blankes Entsetzen im Gesicht)* Ich glaub's nicht.
1. Schüler: Der Fontane ist aber permanent unterwegs gewesen,
   meistens zu Fuß. Meine Mutter hat mir die Reisebeschreibungen gezeigt. Hier! *(er hält einen dicken Band mit den Wanderungen durch die Mark Brandenburg hoch)* Davon hat der
   Fontane mehrere geschrieben.
Alle sind sehr beeindruckt. Irgend etwas müssen wir doch vorweisen.
   Die Mädchen haben schon alle ein Konzept.
2. Schüler: *(voller Verachtung)* Klar. Hast du etwas anderes erwartet?
   Die Mädchen haben immer einen Plan. Aber nicht wandern,
   nicht mit mir.
4. Schüler: Ist der Fontane auch mit dem Schiff unterwegs gewesen?
   Des wär' doch spannender.
5. Schüler: *(begeistert)* Genau. Wir mieten ein Boot. So viele Seen

und Kanäle, also so viel Wasser wie bei euch gibt's bei uns zuhause nicht.

4. Schüler: *(nickt)* Stimmt. Und ich blicke immer noch nicht so ganz durch. Sind wir jetzt an der Spree? Wieso ist das schon wieder die Havel? Warum fließt die ständig durch irgendwelche Seen?

3. Schüler: Dafür habt ihr Berge überall rumstehen. Das ist nicht von Fontane, sondern von mir. War der Fontane auch bei euch, ich meine in München oder so?

4. Schüler: *(verunsichert)* Das weiß ich nicht. Ich glaub nicht.

5. Schüler: *(hat eine plötzliche Eingebung)* Ja, aber eine Fontanestraße gibt es in München. In meiner Tischtennismannschaft war einer, der wohnt dort.

4. Schüler: Dann könnt' der Fontane auch in München gewesen sein, oder?

1. Schüler: *(energisch)* Egal. Also irgend etwas muss uns jetzt einfallen. Wir können doch diese ganze Jubiläumsfeier nicht mit *(nachäffend)* »Herr von Ribbeck auf Ribbeck im Havelland« bestreiten. Wie sieht das denn aus?

5. Schüler: *(zitiert)* »Ein Birnbaum in seinem Garten stand/ Und kam die goldenen Herbsteszeit/ Und die Birnen leuchteten weit und breit …

3. Schüler: Da stopfte, wenn's Mittag vom Turme scholl/ Der von Ribbeck sich beide Taschen voll/ Und kam in Pantinen ein Junge daher/So rief er …

1. Schüler: Junge, kumm man röver, ick hebb'ne Birn«.

5. /3. Schüler: Nein, das ist falsch. Es muss heißen ,Junge, wist'ne Beer?'

4. Schüler: *(überlegend)* ,So spendet Segen noch immer die Hand/ Des von Ribbeck auf Ribbeck im Havelland.' Das haben wir in der Grundschule gelernt. *(lacht)* Das einzigste Gedicht,

das ich überhaupt gelernt hab'. Meine Oma hat mich abgefragt. Die konnte das auswendig.

2. Schüler: *(nickt)* Ich kenne das auch aus der vierten Klasse. Damals haben wir einen Ausflug nach Ribbeck gemacht.

4. Schüler: Echt? Gibt's des wirklich?

1. Schüler: Ribbeck? Na klar. Wir sind da auch hingefahren. Und die Mädchen mussten das ganze Gedicht im Schlosspark vortragen. Die haben das glatt gemacht, stellt euch vor.

2. Schüler: *(voller Verachtung)* Typisch. Leute, ich sag euch. Die haben sicher schon x-Projekte geplant. Das reicht für drei Feiern.

5. Schüler: Geh, komm! Nein! Wir müssen schon selbst auch was machen.

3. Schüler: *(überlegt)* »Das Trauerspiel von Afghanistan« haben wir letztes Schuljahr beim Weiermann gelesen. Das fand ich interessant. Der Weiermann hat einen Bruder, der war in Kabul stationiert und dann hat er uns von Afghanistan erzählt. Er war nämlich selber mehrmals dort.

2. Schüler: *(etwas hilflos)* Wer, der Weiermann? Und der Fontane, wie kam der nach Afghanistan?

3. Schüler: *(unsicher)* Na, das weiß ich auch nicht. Ich kann mich nicht mehr erinnern, was der Weiermann über den Fontane gesagt hat. Außer, dass der damals in England gelebt hat. Ich glaube, der war so etwas wie Auslandsreporter für eine Berliner Zeitung. Deshalb hat der auch so viele Gedichte geschrieben, die irgendwie mit England zu tun haben. Das sind immer Balladen, wo die Personen sprechen. Die sind wenigstens spannend. Überhaupt, ich fand das Gedicht toll. *(überlegt)* Ich glaub, die meisten sind im Schnee erfroren. Am Ende kommt die ganze Armee – Engländer – um, nur einer überlebt. *(zitiert mit Pathos)* »Einer kam heim aus Afghanistan«.

2. Schüler: Und Fontane? Hat der auch überlebt?

1. Schüler: Geh, du blickst gar nichts. Der war in England. Nicht in Afghanistan.

3. Schüler: *(sieht auf sein Smartphone)* War der Fontane auch in Dänemark? *(hält sein Smartphone hoch)* Hier hab' ich seine Balladen. *(liest vor)* Hier heißt's: »König Gorm herrscht über Dänemark/Er herrscht die dreißig Jahr ...«

5. Schüler: *(denkt nach)* Der war auch in Frankreich, also der Fontane, mein ich. Und da saß er sogar im Gefängnis. Also, ich glaube, als Spion.

2. Schüler: *(beeindruckt)* Eh stark.

3. Schüler: *(begeistert)* Mensch, das ist es. Wir stellen uns auf die Glienicker Brücke und ...

2. Schüler: *(fällt ihm ins Wort)* Für wen hat er denn spioniert?

5. Schüler: Nein, ich glaube, die Franzosen haben nur geglaubt, dass er ein Spion ist. Weil er nämlich einen Revolver dabei hatte.

4. Schüler: Und – hat er sich befreit? Ist er ausgebrochen?

3. Schüler: *(eifrig)* Ja, und? Hat er jemanden erschossen? Das ist ja wie beim Grafen von Monte Christo. Den hab ich gelesen. Also, wir sollten doch auf der Glienicker Brücke ...

5. Schüler: *(fällt ihm ins Wort)* Bismarck hat ihn befreit.

1. Schüler: Ach! Das hat unser Geschichtslehrer nicht erzählt.

5. Schüler: Ja, nicht selber. Der Bismarck hat das angeordnet.

3. Schüler: Was wollte der Fontane denn in Frankreich?

1. Schüler: *(verunsichert)* War der Fontane nicht Hugenotte? Vielleicht hat er seine Familie besucht?

5. Schüler: Schmarrn! Das war doch im Krieg.

Schweigen. Alle blättern verzweifelt in ihren Unterlagen bzw. starren auf ihre Smartphones.

4. Schüler: *(nickt)* »Die Brück am Tay«, »Archibald Douglas«. Also Balladen hat der genug geschrieben. *(Greift zu einem der Bü-*

cher, blättert in dem dicken Band) Also, ich weiß nicht. Mei, was soll'n mir da auswählen? *(beginnt zu zitieren)*: »Ich hab' es getragen sieben Jahr/ und kann es tragen nicht mehr/wo immer die Welt am schönsten war/...«

2. Schüler: *(unterbricht ihn)* Das kenn' ich. Das hat mein Onkel immer gesagt, wenn meine Tante seine Hemden zur Reinigung gebracht hat.

3. Schüler: Also, wir nehmen nur die bekannten Balladen, die aus den Schulbüchern.

2. Schüler: Das mit den Hemden ist aber bekannt. Ich hab das auch schon mal irgendwo gehört.

4. Schüler: *(wirkt irritiert)* Wieso Hemden? Das kommt hier gar nicht vor.

5. Schüler: Geh, du Depp. Des is doch die Parodie. »Archibald Douglas« heißt die Ballade.

1. Schüler: Was der alles so geschrieben hat! Hier! Hört mal: »Fire, but don't hurt the flag«. Ja, das hat Fontane bestimmt auch in England …

2. Schüler: *(unterbricht ihn)* Ich hab auch eine Ballade! *(liest vor)* »Der alte Zieten«.

1. Schüler: *(eifrig)* Ja, den Titel hat meine Mom genannt. Soll etwas ganz Wichtiges sein.

2. Schüler: *(langsam)* Na ja, ich weiß nicht *(liest vor)* »,... Husarengeneral,/Dem Feind die Stirne bieten,/Er tat's wohl hundert Mal;/Sie haben's all' erfahren,/Wie er die Pelze wusch,/Mit seinen Leibhusaren,/Der Zieten aus dem Busch.« *(ratlos)* Seltsam, oder?

3. Schüler: *(hilflos)* Wieso Busch? War der denn in Afrika General?

2. Schüler: Hatten die Preußen Kolonien in Afrika?

5. Schüler: Keine Ahnung. Ich glaube, die Deutschen hatten aber fast keine Kolonien. Das wollte der Bismarck doch nicht.

Erst der Kaiser Wilhelm hat welche erobert. Das war aber viel später *(überlegt)* »Am deutschen Wesen soll die Welt genesen!« Das war vor dem Ersten Weltkrieg. Da war der Fontane schon tot, glaub ich.

3. Schüler: Ja, aber der Zieten! Ich google den mal.

4. Schüler: *(blättert, liest vor)* »Das Gespensterschiff«

2. Schüler: *(begeistert)* Das ist gut. Das kenn' ich. Das hat uns doch der Oberling erzählt. Das ist ein Kapitän, der ist eigentlich schon tot und fährt immer nachts aufs Meer hinaus.

1. Schüler: Du checkst gar nichts. Der Oberling hat uns die Geschichte vom »Fliegenden Holländer« erzählt und das ist eine Oper, ich glaub von Richard Wagner.

5. Schüler: *(hoffnungsvoll)* Vielleicht hat der Wagner das ja vom Fontane übernommen.

4. Schüler: *(langsam)* Des is' doch krank. *(liest vor)* »Und Arm in Arm und Brust an Brust/Im Auge heiße Todeslust/Steigt in das kühle Flutengrab/Der Vater mit dem Sohn hinab.« Strange!

Ratloses Schweigen

2. Schüler: Ja, also ich weiß nicht. Grab und so. Meins ist das nicht.

Die anderen nicken. Alle arbeiten an ihren Smartphones.

1. Schüler *(lachend)* Hört mal. Das klingt gut. *(liest vor)* »Berliner Jungen scharten sich/Vor ein'ger Zeit allabendlich/Nicht weit vom Kupfergraben,/ Und schrieen gottserbärmiglich:/ ,Wir brauchen keenen Kenig nich,/ Wir wollen keenen haben!' Da endlich ...«

3. Schüler: *(unterbricht ihn)* Kupfergraben. Wohnt da nicht die Merkel. Vielleicht sollte man ihr das Gedicht widmen.

Alle lachen.

1. Schüler: Es geht noch weiter: »Da endlich packt ein Fußgensdarm/Nicht eben allzu zart am Arm/Den allergrößten

Jungen,/ Und spricht: ,He, Bursch, juckt dir das Fell?/Du Tausendsapperments-Rebell,/Was hast du da gesungen?' Doch der Berliner comme-il-faut/Erwidert: Hab Er sich nicht so,/Und lass Er sich begraben./Wozu denn gleich so ängstiglich? Wir brauchen keenen Kenig nich,/Weil wir schon eenen haben.«

Alle lachen.

4. Schüler: Das kann man rappen.

2. Schüler: Ja, ja. Stellst du dich vorne hin und machst das?

5. Schüler: *(lacht frech)* Nur, wenn die Lisa mitrappt.

4. Schüler: *(wird rot)* Depp!

3. Schüler: *(blättert, liest vor)* »John Maynard«*(liest weiter)* Ach, da kommt das vor, das kenn' ich *(begeistert)* doch, das hab ich schon mal gehört: »Die ,Schwalbe' fliegt über den Eriesee ... von Detroit fliegt sie nach Buffalo ...«

1. Schüler: Wenn meine Uroma den Namen Fontane hört, fängt sie sofort an, mit »und noch fünf Minuten bis Buffalo«. Die kann die ganze Ballade auswendig.

3. Schüler: Vielleicht sollten wir deine Uroma einladen.

5. Schüler: Wir hatten einen Lehrer, der hat das immer bei den Schulaufgaben gesagt: »Und noch zehn Minuten bis Buffalo.« Ich habe es gehasst. In Latein bin ich nämlich ziemlich schlecht.

3. Schüler: *(zeigt auf sein Smartphone)* Hier steht, dass Fontane seine Balladen selbst vorgetragen hat. *(etwas ratlos)* Im Tunnel über der Spree.

2. Schüler: Du meinst auf einer Brücke?

3. Schüler *(zuckt die Schultern)*: Hier heißt es aber Tunnel.

5. Schüler: Ist das so wie bei uns in München am Stachus? Da stehen auch immer welche vor dem U-Bahn-Eingang und wollen Geld. Die tragen oft auch irgend etwas vor.

3. Schüler: Keine Ahnung. Hier steht Tunnel über der Spree.
Die anderen beugen sich alle über sein Smartphone.

1. Schüler: *(schlägt sich an die Stirn)* Ah, jetzt weiß ich's wieder. Hat meine Mom mir erzählt. Der Fontane war in einem Verein, der so hieß.

3. Schüler: Das ist aber ein komischer Name. Ich glaub, da machen wir nichts drüber.

Die anderen nicken.

4. Schüler: Hat der Fontane eigentlich auch Dramen geschrieben? So wie der Schiller?

1. Schüler: *(unsicher)* Weiß ich nicht. Nein. Ich glaube nicht. Aber eine Geschichte über ein Mädchen, das eine ganze Stadt abgefackelt hat.

2. Schüler: Eh, echt stark. Die ganze Stadt?

3. Schüler: Google das mal.

2. Schüler: Ich hab jetzt der Anni, unserer Klassenstreberin, eine SMS geschickt. Die soll das für uns checken.

1. Schüler: Also, was ist jetzt mit dem Wandern? Wir können ja die Fahrräder nehmen. Und die Touren können wir uns im Internet 'runterladen *(lacht)* oder wir fragen meine Mom. Die ist ganz scharf drauf, uns zu helfen. Voll die Lehrerin eben.

2. Schüler: Das finde ich richtig nett. Meine Eltern haben bloß die Augen verdreht, als ich Fontane gesagt habe. Ich glaube, die sind beide schwer traumatisiert – schulisch, meine ich.

4. Schüler: *(lacht)* Wie mein Dad. Der hat das nur akzeptiert, weil er gesagt hat, es sei wichtig, dass ich mal etwas von den neuen Bundesländern kennenlerne. Fontane findet er furchtbar altmodisch.

2. Schüler: Mein Vater hat erzählt, dass er damals in der Schulaufgabe über irgend so eine Fontanegeschichte eine Fünf

kassiert hat, weil er geschrieben hat, er versteht nicht, warum der Held sich selbst erschießt und nicht nach Amerika auswandert. Ja, und da hat der Lehrer gemeint, er habe wohl die Geschichte überhaupt nicht gelesen. Das hat meinen Vater fürchterlich gewurmt, weshalb er nie wieder irgend etwas von Fontane gelesen hat.

5. Schüler: Meine Eltern waren auch überrascht.

3. Schüler: Also, eines muss aber klar sein. Wir machen nix über die, die immer schaukelt.

1. Schüler: Du meinst über die Effi Briest?

3. Schüler: Genau, die meine ich. Ich hab das Buch bis heute nicht verstanden. So was Dröges! Und dann hat die Meier dauernd gesagt, das solle man sich merken. Liebesbriefe muss man wegwerfen, wenn's vorbei ist. Ich hab immer nicht kapiert, wer die eigentlich gefunden hat und warum das so ein Aufreger war. Aber den ganzen Schrott nochmal lesen, das wollte ich nicht. Und die Mädchen waren ganz begeistert und haben dauernd von Innstettens Schuld geredet. Keine hat mir die entscheidenden Infos gegeben.

2. Schüler: *(lacht)* Mir schon, weil ich die Matheaufgaben immer für sie mache.

5. Schüler: Das wäre ein Fall für Sommers Literatur mit Playmobil auf you tube.

4. Schüler: *(begeistert)* Ich schau gleich mal, was der von Fontane hat.

1./2./5. Schüler: *(lachen)* Wetten? Effi Briest!

4. Schüler: Ihr meint also, wir sollten die wichtigsten Texte von Fontane für alle auf you tube erklären.

3. Schüler: Bitte nur die wichtigsten. Vielleicht kann mir dann einer erklären, was dieser komische Chinese macht. Irgend etwas Ausgestopftes hing doch bei denen, also ich meine bei der Effi und ihrem Innstetten, im Haus. War das jetzt eigentlich

der Chinese, hat der das Krokodil erlegt? Das kam da auch noch irgendwie vor.

2. Schüler: Ich glaube, da ist »Schach von Wuthenow« einfacher. Der verliebt sich in Mutter und Tochter, die Tochter wird schwanger, er muss sie heiraten und dann erschießt er sich.

3. Schüler: Hat sie auch die Liebesbriefe aufgehoben?

5. Schüler: Und wieso hat der sich nicht duelliert? Was hat denn der Vater bzw. der Ehemann gesagt? Das interessiert mich jetzt.

2. Schüler: Gar nichts, du Schlaukopf. Der war schon lange tot.

4. Schüler: Also, was ist jetzt mir der, die ihre Stadt abgefackelt hat. Die finde ich spannender. Da gibts Action, nicht so wie bei dieser langweiligen Effi.

3. Schüler: Dann musst du das Zeug aber auch lesen. *(sehr entschieden)* Ich glaube nicht, dass ich das will.

1. Schüler: Komm schon. Stell dich nicht so an. Es ist doch das Letzte, dass die Rechten Fontane-Sprüche auf ihre Wahlplakate drucken und glauben, die Leute seien so doof und kennten ihren Fontane nicht. Leute, denen müssen wir die richtigen Fontane-Zitate entgegenschleudern.

4. Schüler: »... wann fände man je aufgehobene Zettel wieder ...« Steht hier. *(zeigt auf sein Smartphone)* Das ist auch von Fontane.

3. Schüler: *(blättert in einem Buch)* »Das Volk hat eine unbezwingbare Neigung, entweder zu lügen oder sich die Dinge zurecht zu machen.«

4. Schüler: »Das Leben ist kurz, aber die Stunde ist lang«. Das ist aus dem »Stechlin«. *(lässt das Buch sinken, blickt ratlos)*

5. Schüler. Ja, vor allem beim Gerlmann. Unser Geographielehrer. Der redet so langsam und immer die gleiche Tonhöhe. Nach einer Unterrichtsstunde meinst du, es waren mindestens drei Stunden.

3. Schüler: »Alle Lehrer sind ein Schrecknis«. Das ist auch aus dem »Stechlin«.

2. Schüler: *(lachend)* Der Mann ist mir sympathisch. Schau mal nach. Hat der Fontane auch Latein gehabt?

4. Schüler: »Es ist vielleicht eine kleine Tugend, von dem Urteil der Menschen abhängig zu sein, aber bequemer haben es die Rüpel, denen all so was ganz gleichgültig ist.«

1. Schüler: Leute. Wir können uns nicht gegenseitig Fontanesprüche vorlesen. Das bringt uns auch nicht weiter.

5. Schüler: Stimmt.

Ratloses Schweigen.

1. Schüler: Der Fontane, der war doch Apotheker, oder?

2. Schüler: Ja, wie der Gieshübler aus der »Effi Briest«.

1. Schüler: Dann müsste er doch ganz viele Giftmorde und besondere Krankheiten beschrieben haben. Vielleicht sollten wir da mal ansetzen.

3. Schüler: O.k. das klingt gut. Sherlock Holmes fand ich früher schon interessant. Da tut sich wenigstens was.

5. Schüler: *(nickt und hält sein Smartphone hoch)* Da gibt es schon ein Buch dazu: »Mord und Totschlag bei Fontane«.

4. Schüler: *(unsicher)* Ich glaub, die Männer haben sich meistens erschossen.

2. Schüler: Fontane hat auch eine Krimigeschichte geschrieben, »Unterm Birnbaum«.

1. Schüler: *(gespannt)* Ja, und …?

2. Schüler: Hier steht: Die Geschichte spielt im Oderbruch. Im Zentrum steht der spielsüchtige Gastwirt Abel Hradscheck, der unter einem Birnbaum in seinem Garten eine vergrabene Leiche findet und beschließt, seinen Gläubiger auf die gleiche Art loszuwerden … *(schaut hoch)* Leute, das war's.

3. Schüler: Da gibt's eine Interpretation, von einem Jochen Piel-
meier aus Heidelberg. Der schreibt, er habe die Geschichte
nicht verstanden. Die Personen reden in einem fürchter-
lichen Dialekt.

4. Schüler: *(lacht)* Das müsst ihr dann vortragen. Der Paul und ich
schaffen des nicht.

2. Schüler: *(liest vor)* ‚Eigentümlich an der Kriminalgeschichte ist
der straffe Aufbau der Handlung und die gründliche psy-
chologische Motivierung.'

5. Schüler: *(nickt)* Erschießt sich, heißt es hier.

3. Schüler: Was steht denn in Königs Erläuterungen? Schau mal
nach, ob es einen Film davon gibt.

4. Schüler: *(einen Moment später)* Ich hab noch eine Krimigeschichte
gefunden. Sie heißt »Ellernklipp«.

1. Schüler: Ja, die hat meine Mom auch erwähnt.

4. Schüler *(liest)* Die Novelle spielt kurz nach dem Siebenjährigen
Krieg im Harz. Der Forstaufseher Baltzer Bocholt lebt mit
seinem Sohn Martin und der Pflegetochter Hilde Rochus-
sen, der unehelichen Tochter des ortsansässigen Grafen, im
Dorf Emmerode. Sowohl Vater als auch Sohn sind an Hilde
interessiert. Als Bocholt erkennt, dass sich Martin und Hilde
lieben, kommt es aus Eifersucht am Ellernklipp zum Kampf,
und Bocholt stößt seinen Sohn in die Tiefe. Er kehrt nach
Hause zurück und verschweigt seine Tat. Drei Jahre später
heiratet er Hilde. Sie bekommen ein Kind, das jedoch krank
ist. Weil der Arzt dem Kind nicht mehr helfen kann und
weil aus den Tiefen am Ellernklipp den Erzählungen der
Leute nach eine Stimme »Vater« ruft, erschießt sich Bocholt
dort. Das Kind stirbt am selben Tag. Hilde stirbt wenige
Monate später ebenfalls.

Ratloses Schweigen.

2. Schüler: So viele Leichen. Dass der Fontane da nicht den Überblick verloren hat. Und was machen wir damit?

Ratloses Schweigen.

1. Schüler: *(langsam)* Die Mädchen finden so etwas sicher interessant. Das ist ja wie in der Fernsehserie »Die Bergretter«.

3. Schüler: *(lacht)* Das gibt einen guten Heimatfilm.

4. Schüler: Hier steht noch: »Von der Erzählung geht ein geheimer Reiz aus, der ebenso in der knappen psychologischen Figurenschilderung wie auch im landschaftlichen Ambiente des Harzes zum Ausdruck kommt.«

5. Schüler: So ein Krampf. *(nachdrücklich)* Ein Schmarrn ist des.

1. Schüler: Ja, da machen wir nichts drüber.

Ratloses Schweigen.

3. Schüler: Der Meister der Erzählanfänge, das hat die Meier auch noch über ihn gesagt, über Fontane, mein ich. Und dann hat sie uns immer den Anfang von irgend so einem Fontane-Roman genannt. Ich weiß nicht mehr, was sie dazu alles gesagt hat. Die Meier hat ja immer furchtbar viel geredet. Aber das habe ich mir gemerkt: *(trägt vor)* »Thale?« »Zweiter!«

4. Schüler: Wieso Thale?

3. Schüler: Das liegt im Harz. Da ist der Fontane immer hingereist.

2. Schüler: Du lieber Himmel. Hat der auch eine Harzreise geschrieben? Noch einer …

3. Schüler: *(lacht schadenfroh)* »Harzreise im Winter« – Hast du bei der Referendarin damals auch eine Fünf kassiert? *(zitiert geziert)* »Sie haben den Sinn des Gedichts nicht erfasst«. War das eine doofe Nuss.

1. Schüler: Leute, lenkt nicht ab. Wir brauchen ein Thema!

5. Schüler: Wir könnten die Müllfrage stellen und was von Nachhaltigkeit erzählen.

Alle wirken verstört.

5. Schüler: Na, das macht man doch heute so. Gestern hat doch einer erzählt, dass Fontane über die schlechte Luft in Berlin geklagt hat und dass es im Sommer immer aus allen Kloaken gestunken hat, weil Berlin keine funktionierende Kanalisation hatte.

1. Schüler: Stimmt. Ich erinnere mich auch. *(hilflos)* Aber was sollen wir daraus machen?

5. Schüler: Wir machen eine Exkursion nach Berlin und sehen uns die Kanalisation an.

4. Schüler: Geh, du spinnst. Mir tun heute noch die Füße weh von dem dauernden Herumlatschen in Berlin. Wenn, dann nehmen wir die Potsdamer Kanalisation.

5. Schüler: Und dann drehen wir einen Film oder wie?

Schweigen. Alle blättern verzweifelt in ihren Unterlagen bzw. starren auf ihre Smartphones.

2. Schüler: Eine Erzählung heißt *(liest)* »Quitt«. *(blickt auf)* Das steht hier.

3. Schüler: *(langsam)* Vielleicht sollten wir wirklich etwas Krimimäßiges aufziehen.

5. Schüler: Wartet. Ich hab's hier in Wikipedia. *(liest vor)* Lehnert Menz, ein reizbarer junger Mann, hadert mit der autoritären Ordnung Preußens. Sein Nachbar, der Förster Opitz, ein hochmütiger und engstirniger Mann, ist für ihn nicht nur die Verkörperung des preußischen Obrigkeitsstaates, sondern auch sein persönlicher Feind, der ihn mit unversöhnlichem Hass verfolgt ... *(Pause, die anderen sehen ihn gespannt an)* Hm, hm! *(er liest weiter laut vor)* Nach dem Krieg hat Opitz Menz wegen Wilddieberei angezeigt und dafür gesorgt, dass er zu zwei Monaten Gefängnis verurteilt wurde. Als er ihn wegen einer Lappalie erneut anzuzeigen droht, bricht sich der auch auf Menz' Seite aufgestaute Hass

schließlich Bahn: Er schießt seinen Widersacher bei einer nächtlichen Begegnung nieder.

3. Schüler: Stark. Das ist ja wie in den USA. Wie waren denn die Waffengesetze in Preußen?

5. Schüler: Es geht noch weiter: Opitz verblutet qualvoll. Da es keine Augenzeugen der Tat gibt, hofft Menz, die Sache aussitzen zu können. Doch nachdem sich die Indizien verdichten, muss er fliehen. In Amerika verdient er als Goldgräber ein Vermögen, verliert es aber wieder. Schließlich findet er bei deutschstämmigen Mennoniten Zuflucht.

2. Schüler: *(unterbricht ihn)* Menno was?

3. Schüler: Mennoniten. Hast du doch gehört. Wahrscheinlich war das irgend so eine komische Sekte. Na, so wie die Mormonen in Salt Lake City.

5. Schüler: *(liest weiter vor)* Durch seinen Fleiß erwirbt er sich die Achtung und Wertschätzung der Glaubensgemeinschaft. Geplagt von seinem Gewissen, beichtet er Obadja Hornbostel seine Mordtat. Als er kurz vor der Hochzeit mit dessen Tochter steht, verunglückt er in der Wildnis und stirbt ähnlich wie Opitz. Er hinterlässt einen Zettel, auf dem er seine letzten Gedanken notiert hat: Die Bitte um Vergebung und die Hoffnung darauf, dass er mit Opitz nun »quitt«sei.

3. Schüler: *(gedehnt)* Spannend klingt das nicht.

4. Schüler: Oh, mei! Wie der Wildschütz Jennerwein.

5. Schüler: *(schaut auf sein Smartphone)* Das ist so ähnlich wie die Geschichte, die wir letztes Jahr gelesen haben. Da ging es um einen Juden, der erschlagen wurde – unter einem Baum. Und der Mörder ist – glaub ich – auch nach Amerika geflüchtet …

2. Schüler: War die Geschichte auch von Fontane?

5. Schüler: Nein, ich glaub nicht. Aber so toll fand ich sie nicht. Und

die Heise hat dauernd was von Sühne und Schuld geredet. Und eine Schulaufgabe mussten wir auch drüber schreiben.

2. Schüler: Schau mal nach, ob es einen Film dazu gibt.

1. Schüler: Also, ich glaube, das lassen wir besser. Die Balladen finde ich wirklich interessanter.

2. Schüler: Ich auch.

5. Schüler: *(schaut immer noch auf sein Smartphone)* Jetzt habe ich noch eine ganz besondere Ballade gefunden. Hört euch das mal an: »Die Balinesenfrauen auf Lombok/Unerhört, Auf Lombok hat man sich empört,/Auf der Insel Lombok die Balinesen/ Sind mit Mynheer unzufrieden gewesen.«

3. Schüler: »Mynheer« – wer ist das denn?

1. Schüler: Ich glaube, das ist ein Niederländer. Die haben ganz viele Kolonien gehabt, die Holländer.

3. Schüler: Ich dachte, Fontane war in England. Wieso schreibt er dann eine Ballade über Holländer?

5. Schüler: Keine Ahnung. Es geht noch weiter: »Und die Mynheers faßt ein Zürnen und Schaudern,/»Aus mit dem Brand, ohne Zögern und Zaudern«,/Und allerlei Volk, verkracht, verdorben,/Wird von Mynheer angeworben,/Allerlei Leute mit Mausergewehren«

3. Schüler: ... Ich sag's euch: der Fontane war ein Waffenfreak.

5. Schüler: »Sollen die Balinesen bekehren,/Vorwärts, ohne Sinn und Plan,/Aber auch planlos wird es gethan,/Hinterlader arbeitete gut,/Und die Männer liegen in ihrem Blut.«

2. Schüler: Und wo bleiben die Frauen? Ist ja ziemlich blutrünstig. Ich hör die Mädchen schon schreien.

5. Schüler: Ja, es geht noch weiter: »Die Männer. Aber groß anzuschaun/ Sind da noch sechzig stolze Fraun,/ All' eingeschlossen zu Wehr und Trutz/ In eines Buddha-Tempels Schutz./ Reichgekleidet, goldgeschmückt,/ Ihr jüngstes

Kind an die Brust gedrückt,/ Hochaufgericht't eine jede
stand, Den Feind im Auge, den Dolch in der Hand./Die
Kugeln durchschlagen Trepp' und Dach,/›Wozu hier noch
warten, feig und schwach?‹/Und die Thüren auf und hinab
ins Thal,/Hoch ihr Kind und hoch den Stahl/(Am Griffe
funkelt der Edelstein)/So stürzen sie sich in des Feindes
Reihn./Die Hälfte fällt todt, die Hälfte fällt wund, /Aber
jede will sterben zu dieser Stund,/Und die Letzten, in stolzer
Todeslust,/Stoßen den Dolch sich in die Brust...«

1. Schüler: Eh, echt stark.

5. Schüler: *(liest unbeeindruckt weiter)* »Mynheer derweilen, in seinem Kontor,/ *(während er die Stimme erhebt)*
   Malt sich christlich Kulturelles vor.«

1. Schüler: Das ist heftig. Da schau an. Der Fontane war ganz schön
   auf Krawall gebürstet.

3. Schüler: *(blickt verwirrt)* Das kapier ich nicht. Was ist denn daran
   kritisch? Das ist blutrünstig. Erinnert mich an ….

2. Schüler: Mann, verstehst du das nicht. Das ist wie beim Here-
   ro-Aufstand. Der Fontane schreibt, wie die Einheimischen
   sich aufbäumen und dann alle sterben.

5. Schüler: Und die Kolonialherren meinen noch, sie wären besonders christlich.

4. Schüler: Die Ballade nehmen wir auf jeden Fall. Aber wir müssen
   irgend etwas damit machen.

3. Schüler: Ich will aber nicht auf die Bühne und etwas vortragen.
   (überlegt) Vielleicht könnten wir jemand aus der Theater-
   gruppe …

5. Schüler: *(liest lachend vor)* Hier gibt es noch so eine Ballade. »Und
   auf hundert Hosenpaare kommen fünfzig Missionare.«

Alle lachen

1. Schüler. Kennt ihr das noch: »Gegen Demokraten helfen nur

Soldaten«. Daran erinnert mich das. Ich glaube, das war aus der Revolution von 1848.

2. Schüler: *(nickt)* Ja, ich glaube auch. ... Also die Balladen von Fontane sind echt stark. Die nehmen wir. Außerdem sind sie viel kürzer. Ich ...

1. Schüler: *(fällt ihm ins Wort)* ... ja, zum Beispiel. »Wann kommen wir drei wieder zusamm? Das ist aus der »Brück am Tay« ...

2. und 3. Schüler *(genervt)* Was soll das dann werden?

1. Schüler: Ja, stellt euch vor. Die drei Wetterhexen sind in Wirklichkeit drei Terroristen, die die Brücke ansägen.

2. Schüler *(leise)* Terroristinnen, wenn schon.

5. Schüler: *(begeistert)* Also können wir doch die Glienicker Brücke noch unterbringen. Spionage ...

4. Schüler: Wir machen eine Video-Installation. Technisch gesehen ....

3. Schüler: Technisch gesehen gibt's da öfter mal Probleme, weil nämlich irgend so ein Großkotz sich immer über Lärmbelästigung aufregt.

2. Schüler: Vielleicht können wir das dann so schneiden, dass die Brücke abbrennt, wie bei der, die die Stadt angezündet hat.

3. Schüler: *(lacht schallend)* Die Glienicker Brücke abfackeln. Das glaub ich jetzt nicht. Mann, das ist eine Eisenfachwerkbrücke, eine Zügelgurtbrücke.

4. Schüler: Was du alles weißt!

3. Schüler: Ich hab mal ein Referat drüber gehalten, von wegen Agentenaustausch und so ...

5. Schüler: *(eifrig)* Wir filmen die Glienicker Brücke und stellen uns da drauf und dann tragen wir die Balladen, meinetwegen den »John Maynard« und den »Douglas« und diese, wie hießen sie gleich noch, diese Frauen mit dem Holländer ...

2.,3. und 1. Schüler: ... «Die Balinesenfrauen auf Lombok«.

5. Schüler: Genau. Die tragen wir vor und ganz am Schluss kommt dann »Die Brück am Tay« und da verkleiden wir uns als Spione und *(mit Betonung)* und tun so, als würden wir die Brücke sprengen.

3. Schüler: Das ist gut. Aber … *(schaut auf sein Smartphone)* mein Akku ist leer.

5. Schüler: *(schaut auf sein Smartphone)* Meiner auch. Was machen wir jetzt? Wir brauchen doch die Texte.

2. Schüler: *(hält sein Smartphone hoch, triumphierend)* Die Anni hat geantwortet.

Alle sehen ihn verwundert an.

2. Schüler: Also, die, die ihre Stadt abgefackelt hat, hieß Grete Minde. Die Mädchen sind übrigens im Fontane-Archiv. Dahin sollen wir auch kommen.

1. Schüler: *(ironisch)* Wahrscheinlich ist ihr Projekt schon fertig.

3. Schüler: Ist doch egal. Jedenfalls können wir in dem Archiv sicher unsere Akkus aufladen.

4. Schüler: Wo ist das denn?

1. Schüler: Das ist gleich da unten. Die alte Quandt-Villa. Und vor dem Eingang gibt es eine Fontane-Büste. *(steht auf und steckt die Bücher in seinen Rucksack)* Da können wir auch ein Foto machen. Das stellen wir dann ins Internet.

2. Schüler: *(grinst)* »Fontane und die Fünf von der Glienicker Brücke«!

5. Schüler: *(lacht)* Mei, die wern a Freud hamm, wann mir kommen!

IV. Dialog

Wartmanns Café, Klein-Glienicke: Ein Modegespräch über die designerischen Möglichkeiten einer Fontane-Vermarktung

Zwei Radfahrerinnen, die Modedesignerin Coco Bauer und die Schneiderin und Kostümbildnerin Anabell Ferchleitner, treffen sich in Klein-Glienicke an der Parkbrücke. Beide sind seit langem befreundet, arbeiten manchmal zusammen und sind erklärte Fontane-Fans.

Anabell: Jetzt wollte ich dich gerade anrufen. Stell dir vor, der schöne Biergarten Bürgershof hat geschlossen.

Coco: Weißt du was, wir bleiben gleich hier im Gasthaus Wartmanns und besprechen mein Fontane-Projekt.

Anabell: Einverstanden. Den Havelblick haben wir auch hier, die Sonne sowieso und wenn es uns zu laut wird, gehen wir einfach rüber in den Babelsberger Park und setzen uns auf eine Parkbank. Aber erst einmal brauche ich einen Kaffee.

Sie schieben ihre Fahrräder in den Wirtshausgarten und setzen sich an einen Tisch.

Coco: *(beginnt sofort zu sprechen)* Ach, ich bin so froh, dass du Zeit hast. Schließlich bist du einer der wenigen Menschen, der meine Fontane Begeisterung teilt.

Anabell: Also, noch mal. Du sollst für einen Mode-Event zum Fontane-Jubiläum den kostümbildnerischen Rahmen liefern. Habe ich das richtig verstanden?

Coco: Genau. Es geht eigentlich um eine Verkaufsmodenschau mit Kleidern, Kostümen und Mänteln, deren Entwürfe von Fontanes Romanen inspiriert sind. Mehrere Ateliers liefern die

Modelle. Nur hochpreisige Unikate, versteht sich. Weil die aber möglichst gut verkauft werden sollen, möchte der Veranstalter auch ganz typische Kostüme aus der Fontane-Zeit auf die Bühne bringen, quasi als Hintergrund. *Sie holt aus ihrer Tasche eine Mappe mit Entwürfen, einen großen Skizzenblock und einen Stift.*

Anabell: Sprechen wir von Mode für Frauen oder sind da auch Kreationen für Männermodels dabei?

Coco: Soweit mir bekannt, handelt es sich um Damenmode. *(öffnet die Mappe)* Hier, einige Entwürfe habe ich schon gesehen. Das ist von einer jungen Designerin aus Köpenick. Ein bisschen schräg. Die Bezeichnungen finde ich auch eher albern *(sie liest vor)* »Effis Traum«, »Vor dem Duell«, »Innstettens Plan«.

Anabell: *(zeigt auf das Blatt)* Wenn ich in einem derartigen Cape herumlaufen müsste, wäre ich die absolute Lachnummer. Und die Accessoires finde ich jetzt auch nicht so originell. Ist das Leder?

Coco: *(nickt)* Der Veranstalter möchte aber aus der Modenschau ein Event der Superlative machen und ihm schwebt eben eine Hommage an Fontane vor. Die wichtigsten Romane und Novellen möchte er dem Publikum näherbringen, so hat er mir das gesagt.

Anabell: Ach, wie originell zu Fontanes 200. Geburtstag! Also ein Bourgeois mit Kulturambitionen. *(lacht)* So etwas wie ein Bruder von Jenny Treibel.

Coco: Ja, ich finde das auch reichlich albern. Aber der Mann ist für mich wichtig und außerdem hat mich die Aussicht, die bedeutendsten Charaktere Fontanes auf einem Catwalk vorzuführen, gereizt.

Anabell: »Da soll doch gleich 'ne alte Wand wackeln!«, würde der alte Stechlin jetzt sagen. Wahrscheinlich hat der Mensch, ich meine, dein Auftraggeber, die Potsdamer Winteroper, die Inszenierung von Händels »Theodora« in der Friedenskirche besucht. Von wegen Catwalk. Die Idee erinnert so ein bisschen an die legendären Verfilmungen von »My Fair Lady« oder »Wiedersehen in Brideshead«. Das ist doch megaout – old school würde meine Tochter sagen. Was das kostet! Allein die Stoffe! Sollen denn auch Männer auf den Laufsteg? Außerdem, ich bin zwar spezialisiert auf historische Kostüme, aber nicht auf Uniformen. Davon wimmelt es in jedem Fontane-Text, also ich meine natürlich von Uniformträgern. Oder lässt du die Männer ganz weg?

Coco: Nein, nein. Das ist doch überhaupt kein Problem. Welcher Zuschauer kennt heute noch die Feinheiten von militärischen Rangabzeichen. Außerdem hat Fontane immer ein umfangreiches Personaltableau aufgestellt. Da wird man in jedem Falle fündig. Und all das stellt sich der Veranstalter auch vor.

Anabell: Nur, wer entscheidet, welche dieser Personen wichtig ist? Inhaltliche Kriterien sind sicherlich andere als kostümtechnische. Sollen es historisch korrekte Kostüme sein oder geht es um eine kreativ-innovative Annäherung an den jeweiligen Charakter?

Coco: *(lachend)* Du meinst, ob Effi Briest in Ketten aus chinesischen Bambusblättern und mit Fußfesseln auf die Bühne kommt?

Anabell: *(ebenfalls lachend)* Ja, so ungefähr. Auf jeden Fall würde ich vorsorglich schon mal Kutschermäntel, Umhänge und Pelzmützen en gros einkaufen oder mieten.

Coco: Und wahrscheinlich beim Kostümverleih Livreen und Schürzen mit Häubchen für die Stubenmädchen. *(sie wirft mit dem Stift ein paar Skizzen auf den Block)*

Anabell: Darfst du das bestimmen, wer auf den Catwalk darf? Ja, und was tun die Personen dann dort? Sprechen die selbst auch oder sind das alles nur stumme Rollen?

Coco: Na, in jedem Fall soll Cécile dabei sein – und Effi Briest und Melanie van der Straaten aus »L'Adultera«.

Anabell: *(fällt ihr ins Wort)* Oh ja, Melanie van der Straaten, geborene de Caparoux, verheiratete Rubehn ... Eigentlich müsste Harald Schmidt als Conferencier auftreten. Du weißt schon: *(sie ahmt den Entertainer nach)* »Camilla Parker-Bowls ...«

Coco: Ich höre ihn schon, die verschiedenen Liebhaber von Cécile aufrufen!

Anabell: Aber du hast meine Frage nicht beantwortet. Was tun die denn, deine Fontanehelden?

Coco: *(ungeduldig)* Das was sie auch Fontane tun lässt: *(überlegt, dann mit großer Geste)* Sich präsentieren. Madame de Carayon, die Mutter von Victoire, aus »Schach von Wuthenow«, die Damen aus »Unwiederbringlich«, die alte Gräfin Judith, Graf Petöfys Schwester – obwohl, erfährt man überhaupt etwas über ihre Garderobe? – das sind sicherlich die elegantesten Damen.

Anabell: Hauptsache, du lässt die dicke Jenny Treibel nicht singen.

Coco: *(lachend)* Oder Tante Schorlemmer stricken.

Anabell: Um Himmelswillen. Die Herrenhutertracht ist nun wirklich nichts für den Laufsteg! Aber, noch einmal: Was tun die Herrschaften bitteschön, wenn sie über den Catwalk walken?

Coco: Tja, gute Frage. Ich weiß es noch nicht so genau. Nur eines ist klar. Der Veranstalter möchte, dass ich das alles für ihn organisiere.

Anabell: Du meinst also wie Renate aus »Vor dem Sturm« zur Kostümfrage sagt, »Der Faltenwurf ist alles«.

Coco: Das galt für die klassischen Rollen. *(überlegt einen Moment)* Fontane-Texte sprechen, vielleicht? Eine Tasse Tee anbieten, ein Sonnenschirmchen drehen, ein Hündchen im Arm halten oder den Treibelschen Kakadu im Vogelbauer herumtragen *(sie skizziert etwas auf ihrem Block)* oder in einem Buch lesen.

Anabell: Lass sie kegeln. Das haben die Berliner früher bei jedem Wochenendausflug gemacht. Sind überhaupt ziemlich vergnügungssüchtig, die Berliner, sagt meine Tochter.

Coco: *(nickt, überlegt)* Gute Idee. Aber nur für die Männer. Die Kugeln sind ja schwer. Stell dir vor, wenn einer der Damen beim Bücken die Kleidernaht platzt! Und wie soll das rein technisch ablaufen?

Pause, in der beide nachdenklich an ihrem Getränk nippen.

Anabell: Menzel, Adolph Menzel.

Coco: *(blickt sie verständnislos an)*

Anabell: Ja, geh morgen gleich in die Nationalgalerie, erster Stock, und schau dir die Gemälde von Menzel an. »Das Ballsouper«, das gibt bestimmt Inspirationen ...

Coco: *(unterbricht sie)* ... vor allem für die vielen Uniformen. Du hast recht.

Anabell: Was ist mit den beiden Gegenspielerinnen aus »Unwiederbringlich«, mit der frommen Gräfin Holk und ihrer Rivalin, der Ebba von ... Rosental, nein Rosenberg, dieser Gräfin Orsina? Da kann man ja ein bisschen Glamourwelt am dänischen Hof darstellen. Kostümtechnisch sind die beiden Frauen sicherlich ganz interessant, aber persönlich halte ich sie für stinklangweilig.

Coco: Was? Die wilde Ebba ist doch ein richtiges Vollweib, das dem etwas einfältigen Grafen Holk komplett den Kopf verdreht.

Anabell: Das mag ja so sein. Bei diesem Roman schließe ich mich dem Urteil meiner Tochter an: *(ahmt ihre Tochter nach)* »Mama, dieser Roman ist so was von öde. Das kann man einfach nicht lesen.« *(lachend)* Mag sein, dass ich den Text nur nicht verstanden habe. Für die Fontaneforschung ist der Roman vielleicht besonders wichtig, das kann ich nicht beurteilen. *(energisch)* Für mich persönlich ist er »Unwiederbringlich«. Ich bin ein besonderer Fan von Fontanes Berliner Romanen. Da gibt es so viele treffend gezeichnete Charaktere. Du kannst ja z.B. Helene, die Hamburger Schwiegertochter von Jenny Treibel, auftreten lassen.

Coco: *(lachend)* Ja, mit Lizzi an der Hand. Dann kann man alle Varianten der Farbe Weiß vorführen.

Anabell: Das kann schon neckisch sei. Lizzi ist doch das Mädchen, dem man den Wochentag am Strumpfband ablesen kann. Wenn das kein erotischer Knüller wird.

Coco: Und nicht zu vergessen *(mit besonderer Betonung)* »the pink-coloured scarf!«

Anabell: Da kannst du gleich die kleine Agnes aus dem »Stechlin« danebenstellen. In knallroten Strümpfen. Kinder machen sich sowieso immer gut bei derartigen Veranstaltungen. Das ist wie bei den Charity-Events in der Weihnachtszeit!

Coco: Das ist eine prima Idee. Da nehme ich noch Effis Töchterchen Annie, das stumpfsinnigste aller Kindergeschöpfe und die freche Göre Olga aus »Stine«. *(sie wirft ein paar Skizzen auf den Block, während ihre Freundin sich zurücklehnt und sie dabei beobachtet)* Ja, das ist keine schlechte Idee. So etwa.

Anabell: *(beugt sich über die Zeichnung)* Gut! Das maximale Kontrastprogramm. Olga muss zerrissene Strümpfe haben *(sie legt den Finger auf die Zeichnung)* Lass Olga mit einem Kinderwagen auftreten. Das Kind vom …

Coco: *(fällt ihr ins Wort)* ... Ollen.

Beide lachen.

Anabell: Nun lass uns aber wieder zu den Ladies zurückkehren.

Coco: Es gibt ja unendlich viele adelige Damen, die man entsprechend ausstaffieren kann.

Anabell: Du meinst verhübschen, würde Pauline Pittelkow jetzt sagen?

Coco: Seltsam. *(überlegt)* Zur Mode in Fontanes Werk gibt es noch keine Untersuchung, nicht mal Barbara Vinken hat sich dazu geäußert, oder?

Anabell: Ich entsinne mich auch nur an ihre Randbemerkungen zu Fontanes »Effi Briest«. Was sie über den theologischen Hintergrund des Romans schreibt, übersteigt – wenn ich ehrlich bin – meinen Horizont. Fontane hat für sie eben nicht das Niveau von Flaubert. Ich kann mir nicht vorstellen, dass ihre Thesen für dich hilfreich sind.

Coco: *(nickt)* O.k. Das ist mir auch lieber. Sonst müsste ich mir noch überlegen, wie ich kostümtechnisch die gemütskranke Frau Kruse ...

Anabell: *(lacht laut)* Das ist doch die mit dem schwarzen Huhn auf dem Schoß.

Coco: *(ebenfalls lachend)* Genau die! Ich müsste mir also überlegen, wie kann ich Frau Kruse mit dem schwarzen Huhn neben Effi Briest auf den Laufsteg bringen. Lieber nicht.

Anabell: Vielleicht gibt es deshalb keine entsprechenden Untersuchungen zu Fontane, weil er sein Publikum nicht so akribisch über Stoffe, Muster, Kleidungsdetails informiert, so wie Thomas Mann etwa. Und viele seiner Berliner Originale, wie der Gärtner Dörr aus »Irrungen, Wirrungen«, der wird vor allem durch seine Frau beschrieben, die jammert, dass ihr Mann einen Hut trägt, der eigentlich schon ganz schimpfierlich ist.

Coco: Man hört förmlich Fontanes Frau Emilie.

Anabell: Hat denn Fontane Hut getragen?

Coco: Natürlich. Nur, auf den Porträts sieht man ihn in der Regel ohne.

Anabell: Aber zurück zur Kleiderfrage, wenn wir schon bei »Irrungen, Wirrungen« sind. Bothos ungeliebte Ehefrau, die finanzstarke Käthe, die ist schon modebewusst. Vor allem, als sie zur Kur in die Taunusbäder aufbricht.

Coco: *(runzelt sorgenvoll die Stirn)* Ja, da hast du schon Recht. Nur man erfährt von Fontane zu wenig über ihr Outfit. Wie soll ich sie ausstaffieren, dass man sie als eine Figur aus »Irrungen, Wirrungen« erkennen kann? Natürlich kann ich einfach ein Kostümlexikon nehmen, ein Kleid nach einer historischen Vorlage anfertigen lassen und dem Model ein Schild um den Hals hängen »Bothos ungeliebte reiche Ehefrau«.

Anabell: Ja, wenn es konkret wird, lässt uns Fontane im Stich. *(überlegt, dann begeistert)* Nimm Frau von Gundermann aus dem »Stechlin«. Die trug immer Federn im Zopf und wie kommentierte das der alte Stechlin? »Die putzt sich nach wie vor wie ein Schlittenpferd.«

Coco: *(lacht und entwirft etwas auf ihrem Block; sie zeigt es ihrer Freundin, die ebenfalls lacht)*

Anabell: Ja, so sieht Frau von Gundermann aus.

Coco: Ja, aber insgesamt hilft uns das nicht weiter.

Anabell: Man könnte natürlich auch die Königinnengarde auftreten lassen, allen voran die gute Luise und all die anderen hochadeligen Damen, die Julie von Voss zum Beispiel, eben alle, über die Fontane in den Wanderungen erzählt. Das interessiert die finanzkräftige Klientel, die dein Veranstalter im Blick hat, doch sicherlich mehr.

Coco: Du lieber Himmel, das sind ja einige! Nein, ich glaube, das lassen wir besser sein.

Anabell: Also, dann schon eher die Ziegenhals und Fräulein Honig. Wenn das keine kostümtechnischen Herausforderungen sind! »Gram embelliert« wusste Fontane, also verschönert nicht. Aber, wenn die Frauen sich selbst vorstellen – also auf dem Laufsteg – dann kannst du keine Standardmodels à la Heidi Klum nehmen. Erstens brauchen die eine gute Stimme und zweitens müssen die sich Text merken. Bei den Spatzenhirnen dieser Frauen ...

Coco: *(fällt ihr ins Wort)* Da täuschst du dich aber gewaltig! Im Gegenteil. Ich kenne ein paar, die würden sich freuen, endlich einmal etwas Intelligentes machen zu können. Wir beginnen mit dem Hoppenmariechen. Das ist eine interessante Figur, die muss aber eine Schauspielerin vorstellen.

Anabell: *(lachend)* Und wie sie zwinkert. Die hat es ja auch Günter Grass angetan. Hm, wahrscheinlich hast du an Katharina Thalbach gedacht, vermute ich. Was ist mit den Prostituierten in Fontanes Werk, z.B. der Schauspielerin Wanda aus »Stine«? Wie pflegte doch Fontane zu sagen: »... Skandal ist immer das süßeste«. Ich überlege gerade, wer noch in diese Reihe der Verruchten gehört. Bei Fontane sind es ja nicht so viele.

Coco: Natürlich Cécile, im hellen Sommerkostüm ...

Anabell: ... mit einem Dutzend Plaids und Schals, weil ihr ja immer zu kalt war. *(ernst geworden)* Der Roman hat mich tief beeindruckt. Ich habe ihn erst vor kurzem, du weißt, als wir im Sommer im Harz waren, wieder gelesen. Alle sprechen immer von Cécile als Opfer, von den Männern, die sie bevormunden, begehren, benutzen und demütigen. Aber ich habe lange mit meinem Mann diskutiert und wir haben beide den armen St. Arnaud ebenfalls als Opfer der Geschichte ausgemacht. Die Konventionen und dieser fürchterliche Ehrenkodex zwingen ihn, zwei Menschen, Leslie-Gordon und zuvor schon Oberstleutnant von Dzialinski, zu töten. Sein Leben ist genauso für immer zerstört.

Coco: Ja, wie sagte Effis Baron Innstetten in später Erkenntnis: »Unser Ehrenkultus ist ein Götzendienst, aber wir müssen uns ihm unterwerfen, so lange der Götze gilt«. Und Cécile? Sie hat doch keine Chance. Kaum weiß Gordon über sie Bescheid, verhält er sich wie ein beleidigter Liebhaber. Bei ihm wäre es ihr auch nicht gut gegangen.

Anabell: Ja, weil in einer bestimmten Gesellschaftsschicht für sie kein Platz war. Dass St. Arnaud Cécile, diese Fürstenmätresse, geheiratet hatte, war sehr mutig. Er war ein brillanter Soldat, ein Militär durch und durch. Als er nach dem ersten Duell die Armee verlassen musste, hat er nach seiner Festungshaft, keinen wirklichen Lebensinhalt mehr gefunden. Er war schon zu alt, um noch einmal neu zu beginnen. Wir sind im 19. Jahrhundert, nicht im 21. Berufliche Alternativen gab es damals nicht.

Eine Weile schweigen beide und sehen auf den schmalen Kanal, auf dem ein Ruderboot fährt.

Coco: Ursel Hradscheck aus »Unterm Birnbaum« ist auch eine elegante, aber ansonsten doch etwas zwielichtige Figur. Ich sehe sie noch vor mir, immer dunkel gekleidet – Schwarz macht bekanntlich schlank – mit *(sie zeichnet einen Ohrring und hält ihrer Freundin den Block hin)* birnenförmigen Glasperlen aus Venedig an den Ohren. So etwa!

Anabell: *(nickt)* Stichwort Schmuck. Gibt es dazu auch Kostproben? Designer-Entwürfe, meine ich? Und werden die auch verkauft?

Coco: Soweit ich weiß, nicht. Aber für die Fontane-Galerie brauchen wir natürlich so etwas. Aber ob das Publikum »Unterm Birnbaum« überhaupt kennt?

Anabell: Die Frage kannst du natürlich bei allen Figuren stellen. Aber die »Ich-bin-was- Besseres«-Ursel stirbt ja in der Geschichte rechtzeitig. Ich habe eher an die Schauspielerin Euphemia aus »Graf Petöfy« gedacht, Franziskas Kollegin.

Coco: Ach ja. Ist das nicht die, die ein uneheliches Kind von irgend einem Hocharistokraten hat?

Anabell *(nickt)* Richtig. Als Autoritätsperson kannst du natürlich Tante Adelheid, pardon die Domina zu Kloster Wutz, auftreten lassen. Ich hatte so eine furchteinflößende Großtante und höre meinen Großvater noch, wenn er den alten Stechlin zitierte: »Wer die geheiratet hätte, hätte sich die Tapferkeitsmedaille verdient, wenn nicht gar das Eiserne Kreuz«.

Coco: Ja, ich habe sie auch als ziemlich penetrant in Erinnerung, eine Respektsperson mit Granatbrosche und einem alten Pelzkrägelchen.

Anabell: Stilmäßig gibt das Stiftsfräulein also nicht viel her. Außerdem, *(nach einer Pause)* was soll sie schon tun? Ich frage mich, ob das nicht langweilig wird, wenn bei der Modenschau so viele altmodische, ja »verkleidete« Personen als Fontane-Botschafterinnen auftreten. Da brauchst du ein richtiges Drehbuch und *(mit Nachdruck)* viel, viel Zeit!

Coco: *(seufzt kurz)* Nun haben wir aber nur über Fontanes weibliche Helden gesprochen.

Anabell: *(mit Betonung)* Wir können natürlich auch über die schönen Jünglinge, über die Botho von Rienäckers, die Waldemar von Halderns, die Schachs von Wuthenow sprechen oder über ...

Coco: *(lachend)* Mister Nelson from Liverpool.

Anabell: *(ebenfalls lachend)* Nein, den meine ich nicht. Außerdem heißt es ja, dass er englisch aussah, was nicht unbedingt attraktiv bedeutet. Nein, ich meine den schönsten aller schönen Männer, den Ehemann der guten Mathilde Möhring, den – mir fällt der Name nicht ein ...

Coco: Ich bin mir nicht sicher, aber ich glaube, er heißt Hugo Großmann.

Anabell: Stimmt. Aber an eines erinnere ich mich. Mathilde nennt ihn einen Schlappier.

Coco: Genauso urteilt die gute Pauline Pittelkow über den jungen Grafen, den Geliebten ihrer Schwester Stine. Ein armes, krankes Huhn nennt sie ihn, ein ‚ausgepustetes Ei‘. *(mit verstellter Stimme)* »Mit dem ist nicht viel los. Er is doch man miesig. Un die Schwächlichen richten mehr Schaden an als die Dollen.«

Beide lachen.

Anabell: Für die Pauline Pittelkow habe ich eine Schwäche. Diese Frau, die ihren adeligen Liebhaber nur den Ollen nennt und ihn ausnimmt und vollkommen unbeeindruckt bleibt, ist mir viel sympathischer als ihre schwächelnde Schwester Stine.

Coco: *(zeichnet auf den Skizzenblock)* So müsste sie aussehen, Stines energische Schwester. *(sie überlegt einen Moment, hält den Block von sich und korrigiert dann noch einige Linien)*

Anabell: *(beugt sich über die Zeichnung)* Das ist gut. Aber bleiben wir bei den Männern.

Coco: Wie heißt es in »Irrungen, Wirrungen« so realistisch: »Alle schönen Männer sind schwach, und der Stärkere beherrscht sie...«

Anabell: *(lachend)* »Und wer ist der Stärkere? Die Mama, das Gerede oder die Verhältnisse«. Ja, das Zitat hat es mir auch angetan.

Coco: Oder die Ehefrau, eben die Mathilde. Wie wahr. *(seufzt)*

Anabell: *(nickt)* Das hat selbst meine Tochter schon begriffen. Der Papa ist der Chef, aber die Mama ist der Chef vom Chef.

Coco: Und Effis Geeeeert *(sie zieht den Namen in die Länge und verdreht die Augen)*, der gehört ja auch in die Reihe, den hätten wir beinahe vergessen.

Anabell: Aber kostümtechnisch betrachtet ist der abgehalfterte Major von Crampas, der Damenmann, sicher ergiebiger als der staubtrockene Beamte Baron von Innstetten.

Coco: *(legt den Block auf den Stuhl neben sich)* Ja, bei Thomas Mann wäre meine Aufgabe sicher einfacher. Ich weiß nicht, aber der gute Geert von Innstetten hat mich immer ein bisschen an Thomas Buddenbrook erinnert. Nur leider beschreibt Fontane nicht, wie er Toilette macht.

Anabell: *(trocken)* Bei Thomas Buddenbrock erfährst du alles, auch die Details, die dich überhaupt nicht interessieren. Also, sieh es doch mal positiv. Du bist bei Fontane dann auch nicht so festgelegt.

Coco: Ja, Fontane war diese nervöse Lust am Untergang höchst suspekt. Außerdem ... Ich glaube nicht, dass heute noch junge Frauen auf solche Männer hereinfallen. Die Mädels lassen sich nicht mehr so betimpeln, würde Fontane sagen.

Anabell: Meinst du? Da wäre ich mir nicht so sicher. Natürlich sind die heutigen jungen Helden nicht bei der Armee, aber vielleicht in einem Bankhaus oder in der Immobilienbranche. Ist doch klar, Fontanes Helden sind in eine Epoche hineingeboren worden, die sie schon damals eigentlich nicht mehr brauchte. *(beugt sich vor)* Und was hatten die denn für eine Daseinsberechtigung, diese Offiziere. In Friedenszeiten! *(achselzuckend)* Gelernt hatten die doch nichts. Was beherrschten die schon groß, wie man einer Dame formvollendet den Hof macht, ja, das vielleicht. Aber sonst?

Coco: Wie man mit dem Pferd über die Hecken setzt, wie man sich gegenseitig nach strengen Regeln totschießt, wie man im Interimsrock zum Diner beim Prinzen auftritt ...

Anabell: *(fällt ihr ins Wort)* Ja. Und wie man Schulden macht. Das sieht man bei dem jüngeren Sohn der Familie Poggenpuhl. »Nichts lähmt so wie Nicht-Erfolg.« Eine Familie im Freeze. Nicht einmal geheiratet wird und das war ja das Einzige, was diese Adelsfamilien noch auf die Reihe gekriegt haben. Wie hat dir der Text gefallen?

Coco: Ich erinnere mich an keinerlei Details. Es passiert ja nichts! Aber ich höre noch immer meinen Vater zitieren: »Albertine Pogge von Poggenpuhl, geborene Pütter, verwitwete Majorin, mit ihren Töchtern Therese Pogge von Poggenpuhl, Sophie Pogge von Poggenpuhl und Manon Pogge von Poggenpuhl.«

Für einen Moment schweigen beide und beobachten die Fahrradfahrer, die über die Parkbrücke kommen.

Coco: Du meinst also, wir sollten lieber den Kommerzienrat Treibel auftreten lassen?

Anabell: *(lacht)* Ob du so ein dickes Model auftreibst?

Coco: *(nachdenklich)* Ich glaube nicht, dass bei dem Aufmarsch so vieler Romanfiguren die Modenschaubesucher noch den Überblick behalten werden. *(seufzt)* Meinen Auftraggeber wird das nicht überzeugen, fürchte ich.

Anabell: Ich überlege gerade etwas. Wie wäre es, wenn du dich ausschließlich auf Fontanes ersten großen historischen Roman »Vor dem Sturm« konzentriertest? *(Sie zieht ein Exemplar des Romans aus ihrer Tasche. Es ist ziemlich zerlesen.)* Der Roman ist nicht so populär und auch nicht so viel besprochen wie »Effi Briest«. Immerhin hat Fontane fast zwanzig Jahre dran gearbeitet. Er ist typisch preußisch, behandelt eine der wichtigsten deutschen Epochen, nämlich die Befreiungskriege gegen Napoleon. Ist nicht 2019 auch ein Napoleon-Gedenkjahr?

Coco: *(nickt)* Ja, das hat man mir schon gesagt. Ich glaube sein 250. Geburtstag. Das Manuskript von »Vor dem Sturm« liegt im Stadtmuseum Berlin, fast 1000 Seiten. Das weiß ich von meinem Vater. Er war ein Fontane-Enthusiast. Naja, wenn man in Neuruppin geboren worden ist!

Anabell: Das passt ja. Zurück zu »Vor dem Sturm«. Es kommen unheimlich viele Personen vor, unterschiedlichsten Alters und Standes.

Coco: *(mit Nachdruck)* Ich weiß! »Hundert Personen in einer ritualisierten Abfolge von Diners und Landpartien. Ein Vielheitsroman.« Außerdem habe ich natürlich den Film gesehen.

Anabell: Ja, ich auch, gleich 1984, da war ich erst vierzehn. Mein Held war damals der schöne Tubal, der im Film so stilvoll stirbt. Daran erinnere ich mich noch gut.

Coco: *(lacht)* Mein Vater hat mit mir alle Schauplätze des Romans besucht. Ich bin im Bilde! Zweitausend tschechische Komparsen und dann gab es ausgerechnet bei den Dreharbeiten keinen Schnee!

Anabell: Und das bei einem Roman, der gleich auf der ersten Seite von Weihnachten und von dichtem Schneefall spricht. Übrigens, die gute Marie Kniehase, das Sternenkind, ist meiner Meinung nach eine der am meisten unterschätzten Charaktere der deutschen Literatur.

Coco: *(zögernd)* Ich finde, sie bleibt blass. Und das obwohl sie als ehemaliges Zirkuskind eine spannende Vergangenheit hat. Ein bisschen wie Goethes Mignon. Meine Mutter, auch eine Fontane-Enthusiastin, hat sie mit der Fee, der Heldin aus Marlitts Roman »Das Geheimnis der alten Mamsell« verglichen. Doch Marlitts Roman ist wesentlich früher als Fontanes »Vor dem Sturm« erschienen. Es war wohl gar nicht so selten, dass Kinder von fahrenden Leuten als Pflegekinder aufgenommen worden sind. Aber, sei ehrlich. Ein ausgefeilter Charakter ist sie nicht. Als Othegraven um sie anhält, sagt sie nur, ihr Herz spräche nicht.

Anabell: Wahrscheinlich hängt das damit zusammen, dass sie ein so positiver, »reiner« Charakter ist. »Verteufelt human«, hätte Goethe gesagt und, was er auch schon wusste, Moral interessiert das Publikum nicht. Ich sehe sie vor mir: weißer Schleier mit goldenen Sternen.

Coco: *(überlegend)* Ja, deine Idee ist gar nicht schlecht. Warum nicht nur »Vor dem Sturm«? In meiner Studienzeit habe ich ein Seminar zu dem Roman besucht und mich wirklich intensiv mit seiner Struktur beschäftigt.

Anabell: Ja, ich auch. Ich erinnere mich an die Kritik von Paul Heyse, der die Liebesgeschichte nicht heißblütig genug fand.

Coco: Ja. Und Julius Rodenbergs Urteil, immerhin war er der Verleger, war vernichtend. An Fontanes Roman »würge ich nun schon bald acht Wochen«, hat er notiert. »Werden sie wieder über Land fahren mit den Ponies? Werden sie wieder schlafen gehen?« Das hat unser Professor damals immer zitiert.

Anabell: Dass die Geschichte nicht zielgerichtet ist, sondern zu breit angelegt ist, das stimmt schon. Aber tatsächlich ist der Roman als Zeitdokument wichtiger als zum Beispiel »Der Stechlin«.

Coco: *(Sie überlegt einen Moment, dann beginnt sie zu zeichnen)* Ja, du hast recht. Die Mode damals kann man dann erläutern, na ja, sehr interessant ist das Empire jetzt nicht – Hm, Biedermeier wäre dekorativer.

Anabell: Das kommt darauf an. Schöne Kaschmirschals, üppige

Tücher und Capes. *(überlegt)* Fontane geht es um den Beginn der Befreiungskriege im Winter 1812/1813. Weißt du, man könnte einige Herren in altdeutscher Tracht, mit Samtmützen, Reiterhosen aus Leder und langen Kutschermänteln auftreten lassen. Außerdem, nationale Erhebung, das liegt doch gerade auf der Linie. Und wo Schwarz-Rot-Gold herkommt, kann man auch gleich erklären. Es kommt auf die Stoffe an.

Coco: *(skizziert auf ihrem Block)* Meinst du so etwas?

Anabell: Genau! Karo und Streifen. Schottenmuster, die kannte Fontane aus England. Du kannst aber auch alle Damen mit schwarz-rot-goldenen Fächern aufmarschieren lassen.

Coco: Die Wintergarderobe ist sicherlich ein Laufstegereignis, also Pelzmuff und schicke Kappen, Umhänge und Kapuzen und natürlich Loden in allen Variationen.

Anabell: Und die Models schreiten über Schwarz-Rot-Goldene Stoffbahnen. Zobelpelze brauchst du unbedingt.

Coco: Und Russenstiefelchen natürlich.

Anabell: Und dann kommt Napoleon im Schlitten auf den Laufsteg …

Coco: Aber nicht zu lange, denn wie sagt Fontane auch: »… wenn es gefährlich ist, zu flink zu sein, so ist es fast noch gefährlicher, zu lange zu warten.« *(überlegt)* Dazu könnte man ja ein Video einspielen.

Anabell: Du kannst dem Veranstalter ja den Floh ins Ohr setzen, eine Schlittschuhbahn aufzubauen. Da fährt dann Renate von Vitzewitz mit Tante Schorlemmer, der Grönland Erprobten.

Coco: Dann brauchen wir aber auch Lewin. Ach, und der hat ja nun so gar nichts Heldenhaftes oder auch nur Männliches, dieser Schwärmer!

Anabell: *(lacht)* Das sehe ich auch so. Also zurück zu den wirklichen Männern. Über die haben wir noch gar nicht gesprochen. Wer ist dein Held in »Vor dem Sturm«? Du hast es ja schon gesagt: Tubal von Ladalinski oder Graf Bninski?

Coco: »Forscher Kerl, aber Lukrinski!«, hat Fontane ihn charakterisiert.

Anabell: Was heißt das?

Coco: Es ist polnisch und bedeutet so viel wie – »ein Mensch, der seinen Vorteil zu ergattern versteht.«

Anabell: Oder Othegraven – ich denke an die Verfilmung von Wirth und Asmodi.

Coco: *(sehr bestimmt)* Heute ist mein Held Oberst Bamme, der so neugierig ist wie eine Nachtigall, und sonst keiner.

Anabell: Generalmajor von Bamme, bzw. General. Na, kostümtechnisch macht der aber nicht viel her: eine abgetragene Uniform, Pelzmütze, grauer Mantel, auch abgenutzt.

Coco: D'accord. Und Beine wie ein Rokokotisch. Aber seine Sprüche sind die besten! *(Sie deklamiert)* »Ich perhorresziere dies ganze Vettern- und Muhmenprinzip, und am meisten, wenn es ans Heiraten und Fortpflanzen geht ... Es ist nichts mit den zweierlei Menschen.«

An den Nachbartischen blickt man überrascht auf die beiden Frauen.

Anabell: Ja, was die Männer anbelangt, ist da sonst nicht viel geboten, was sich für einen Laufstegauftritt eignen würde. *(lachend)* Was ist mit den Pastoren? Seidentopf?

Coco: Die Phalanx der Beffchenträger ist aber in »Vor dem Sturm« nicht so riesig. Schloss Guse kommt ja ganz ohne pastoralen Schutz aus.

Coco: Ich erinnere mich noch gut an die Verfilmung. Oberst Bamme, der Mann, der sich von seinem Pastor nicht beeindrucken lässt und Tante Amalie ...

Anabell: ... Tante Amalie trägt aber nur Schwarz und die Tante Schorlemmer .....

Coco: Strickstrumpf, ich weiß. Obwohl, es gibt auch Hinweise auf die wendische Tracht, z.B. bei Trude Kniehase, Maries Pflegemutter. *(energisch)* Ich glaube, ich werde mich auf Kathinka von Ladalinsky und ihren hübschen Bruder konzentrieren... *(überlegt)* Wir lassen eine ganze Gruppe von Männern in Husarenuniformen auftreten.

Anabell: ... und deutsche Fahnen schwenken und Jagdflinten präsentieren.

Coco: Eigentlich sollten vor allem die Ponys und Lewins Hund Hektor dabei sein.

Anabell: Meine Tochter wäre begeistert! Sie würde sicher für eine eigene Hundenummer plädieren und sich gleich bereit erklären, einen Hektor oder auch einen Rollo aus dem Tierheim zu holen.

Coco: *(überlegt kurz)* Hatte Fontane eigentlich einen Hund?

Anabell: Ich glaube nicht. Aber zurück zu deiner Modenschau. Was nimmst du als Bildhintergrund? Das Leipziger Schlachtfeld eignet sich nicht für eine Laufsteg-Event.

Coco: Da fällt mir gerade der Gärtner aus L'Adultera ein, Kagelmann heißt er, wenn ich mich recht entsinne: »Palme passt immer – ohne Unterschied, egal ob Trauung oder Begräbnis!« Auch das war bei uns zuhause ein Standardspruch.

Anabell: *(lachend)* Schlag doch deinem Auftraggeber vor: Heliotrop satt!

Coco: Er wird wohl kaum etwas im Stil der Haute Couture Präsentationen, also, etwa wie die Supershow bei Dior, finanziell stemmen können!

Anabell: Tja, für Fontane müsste das aber sein. Mit Schwarz-Rot-Gold – schräg gemustert – kann er doch zum Trendsetter werden. Bei der richtigen Klientel verhilft ihm das langfristig vielleicht zum finanziellen Erfolg!

Coco: *(mit skeptischem Blick)* Man müsste ungewöhnliche Muster entwerfen ... *(skizziert Muster auf ihrem Block, den sie nach einer Weile weglegt)*. Aber, dir brauche ich das nicht zu sagen, wie lange es dauert, bis diese Stoffvorlagen fertig sind!

Anabell: Ja, da musst du jetzt schnell sein.

Coco: Aber du hast recht. Die Idee, sich auf »Vor dem Sturm« zu konzentrieren, klingt gut. *(lächelt)* Und die Vorstellung, mit den Nationalfarben kreative Muster entwerfen zu können, die begeistert mich jetzt. Nun, dazu werde ich meinen Auftraggeber zu überreden versuchen.

Anabell: Dann zeigst du als Hintergrund das Brandenburger Tor. Aber ohne Quadriga. Denn ich verwette meinen Kopf, irgend so ein Besserwisser würde das monieren, weil doch Napoleon das gute Stück als Kriegsbeute mitgeschleppt hat. Was ist mit der Klein-Glienicker Kapelle? *(deutet in Richtung Norden)* Die gäbe einen dekorative Kulisse ab.

Coco: Vielleicht lieber eins der schönen Schlösser: Caputh, Paretz, Charlottenburg.

Anabell: *(zählt auf)* Das neue Palais, Schloss Köpenick, das Grüne Haus und ja vor allem die Pfaueninsel mit Pfauen natürlich.

Coco: Die machen sich besonders gut. Zwei Porzellanpfauen, das wär's. Wie sagst du immer? So ein bisschen Kultur-Dekor erwarten die reichen Damen doch.

Anabell: Auf jeden Fall musst du dir im Kutschenmuseum in Paretz unbedingt ein paar Sänften reservieren lassen.

Coco: Apropos Kultur: Welche Musik würdest du vorschlagen. Ich glaube, Fontane war nicht unbedingt musikalisch, oder? Muss es Wagner sein?

Anabell: Bloß keinen Wagner! Kennst du Fontanes Bericht aus Bayreuth nicht?

Coco: *(schüttelt den Kopf)* Nein, wieso?

Anabell: Das musst du lesen. Er ist von Bad Kissingen aus dorthin gereist, um den Wagnerkult zu studieren. Wahrscheinlich auch, um die wichtigen Leute zu beobachten. Fontane kam an. Fünfzehnhundert Menschen. Es regnete. Es war kalt, alles war klamm und er litt schon, bevor er überhaupt im Konzert saß. Der Vorstellungsbeginn 16:00 Uhr war für ihn der reinste Horror.

Coco: Was hat er denn gehört?

Anabell: Was? Eine Viertelstunde »Parzifal«. Dann hatte er von dem aufdringlichen Tubagebläse, (»wie die Posaunen des letzten Gerichts«) schon genug. »Als die Ouvertüre zu Ende ging, fühlte ich deutlich ,noch drei Minuten und Du fällst ohnmächtig oder todt vom Sitz'.« Er kämpfte sich also wieder durch die Sitzreihe, sein Klopfen wurde erhört und er gab seine Karte dem Türsteher und später sein »Tristan und Isolde-Billet« an eine fromme Stiftung.

Coco: Also kein Wagner. Wer sonst?

Anabell: Ja, da erwischst du mich kalt. Ich habe keine Ahnung.

Coco: *(lacht)* Also doch ein Auftritt mit Jenny Treibel und ihrem Opernhelden Krola.

Anabell: Wenn du deine potentiellen Käufer verschrecken willst, nur zu!

Coco: *(überlegt)* Dann bräuchten wir aber noch einen Kontrast, Sommerfrische am Meer etwa.

Anabell: *(nickt)* Ich fürchte: Es führt kein Weg an der reitenden oder schaukelnden Effi vorbei.

Coco: Für deren Matrosenkleid gibt es ja eine Menge biographischer Hinweise. *(lacht)* Fontane hat bekanntlich immer elegant in der Sommerfrische gewohnt und --- beobachtet. Naja, seine Leserschaft interessierten solche Details schon.

Anabell: *(lachend)* Dann würde ich aber Bertha und Herta und natürlich Hulda Niemeyer im Stil einer Friedrichsstadtpalast-Revue auftreten lassen. Das würde die Modenschau sicherlich beleben. *(nach einer Weile)* Und Fontane selbst? Soll er auch auftreten?

Coco: *(lachend)* Du denkst an den Grassschen Fonty? Gib's zu.

Anabell: Aber sicher doch! Soll dein Fontane aussehen wie auf dem Denkmal in Neuruppin. *(eifrig)* Ja, das ist es natürlich. Alle Models müssen einen Spazierstock bei sich tragen.

Coco zückt ihren Skizzenblock und beginnt eine neue Zeichnung, während Anabell auf ihr Smartphone blickt.

Coco: *(während sie weiter zeichnet)* Aha! Also noch eine Akrobatik-Einlage.

Anabell: Und einen Shawl. Rodenberg hat ihn erwähnt: einen blaugrünen schottischen Shawl.

Hier *(sie zeigt ihrer Freundin ein Foto auf dem Smartphone)* Das Fontane-Denkmal in Neuruppin. So sollte er auftreten. Erst sitzend und dann steht er plötzlich auf.

Coco skizziert weiter, während Anabell zusieht und zustimmend nickt. Dann legt Coco den Skizzenblock wieder auf den Stuhl neben sich.

Anabell: Nun, wenn ich mir das alles so überlege, denke ich, du brauchst als Erstes einen Finanzier. Einen Fontane-Enthusiasten, der bereit ist, für diesen etwas anderen Zugang zum Werk Fontanes viel Geld auf den Tisch zu legen. Denn irgendwelche staatlichen Stellen oder Kultureinrichtungen werden das sicherlich nicht unterstützen wollen. Wenn's teuer wird, dann machen doch alle einen Rückzug. Hast du mit deinem Auftraggeber schon über das Budget gesprochen? Da liegt doch der Hase im Pfeffer.

Coco: *(grübelt)* Man müsste die Modenschau mit einem entsprechenden Essen kombinieren. Bei Fontane sitzen die Personen doch ständig bei irgendwelchen Festmählern zusammen.

Anabell: Schlag doch deinem Auftraggeber vor, nach der Modenschau ein Fontane-Dinner zu arrangieren. Die Fontane-Models können dann noch ein bisschen über Fontane bzw. über ihre Figuren plaudern und ihre Rolle weiterspielen.

Coco: Man plaudert. Dass man isst und vor allem, was man isst, hat Fontane nicht so interessiert. *(langsam)* Nun ja, Tante Schorlemmer kann einen Hasen spicken und weiß, dass er sieben Häute hat.

Anabell: Was kann Tante Schorlemmer nicht. Naja, wer in Grönland gelebt hat ...

Coco: ... den interessiert keine raffinierte Speisefolge. D'accord. Und wichtig ist für Fontane nur, wann kann man einen Toast anbringen, vor oder nach dem Eis.

Anabell: Oder die Tischordnung, wie z.B. beim Silvesteressen auf Schloss Guse ...

Coco: *(verbessert)* ... Silvesterdinner, nein Souper.

Anabell: Also ist es nicht wie bei Thomas Mann. Ich glaube nicht, dass Fontane so akribisch einzelne Speisefolgen beschrieben hat. An einen Plettenpudding kann ich mich jedenfalls nicht entsinnen.

Coco: *(nachdenklich)* Nur dass die Herren – ohne die Damen wohlgemerkt – Zigarren, Kognac und Kaffee im Billardzimmer genossen haben – mit ein paar schlüpfrigen Anekdoten.

Anabell: Genau. So ist es jedenfalls im Hause Treibel.

Coco: Ich erinnere mich nur an die Krebse in »Frau Jenny Treibel«. Nun bei der wurde ja immer sehr delikat gespeist.

Anabell: Wenn ich es richtig im Kopf habe, dann hat aber Professor

Schmidt mit seinen Lehrerkollegen die Krebse verspeist und sich intensiv zur Frage Hummer oder Krebse geäußert.

Coco: Stimmt. Du hast recht. Bei Treibels kamen gefüllte Tauben auf den Tisch, pardon auf die Tafel.

Anabell: Bei der Domina in Kloster Wutz gespickte Rebhuhnflügel. *(seufzt)* Ach, das wär's jetzt! Ich überlege gerade, was es beim Hochzeitsessen im Hause Stechlin, du weißt schon: Woldemar und Armgard, gegeben hat. Ich meine mich an Forelle zu erinnern.

Coco: *(lachend)* Richtig. »Drei Löffel Suppe, Forelle en miniature und ein Poulardenflügel«, pflegte mein Vater immer zu zitieren, »das ist zu wenig für meine Verhältnisse.« Czako sagt das, nach dem Hochzeitsessen.

Anabell: Trotzdem, Fisch ist immer richtig. Aber das kannst du schlecht auf dem Catwalk vorführen. *(nach einer Pause)* Es sollte eben im Anschluss an die Modenschau ein Dinner geben. Dann kann dein Auftraggeber auch die Besucherinnen noch ein bisschen bearbeiten und Kaufgespräche führen.

Coco: Ja, dazu brauche ich aber ein bisschen Material.

Anabell: »Cécile« ist da, glaube ich, ergiebig. Bei irgend einem Ausflug machen sie und ihre ganze Entourage Reime auf die Schmerlen.

Coco: Genau. Und es gibt Rehrücken und Krammetsvögel und Bekassinen und mein Vater hat immer gejammert, dass es das nirgends zu kaufen gab.

Anabell: Ich könnte mich nun auch nicht erinnern, in Düsseldorf jemals Krammetsvögel auf einer Speisekarte gelesen zu haben. Apropos Speisekarte. Sollen wir nicht eine Kleinigkeit essen?

Coco: *(nickt)* »Die Suppe war eben genommen,« das war bei uns zuhause ein geflügeltes Wort. Das stammt aus »L'Adultera«.

Mein Vater war ja ein bekennender Fontane-Fan und ein Suppenfanatiker. »Wer lange suppt, lebt lange.«

Anabell: Das ist wenigstens etwas Handfestes! Bei Hofe nahm man eher *(betont geziert)* ein Panachee zu sich. Darüber bin ich auch bei »Cécile« gestolpert. Das war so etwas durchgemischtes Halbgefrorenes.

Coco: Na, die gute Cécile hat ja sonst fast nichts gegessen. Auch so eine Magersüchtige. Das perfekte Model. Den potentiellen Käuferinnen würde so ein Panachee sicherlich genügen.

Anabell: Wenn die Kalorienzahl auf der Menükarte vermerkt ist, bestimmt.

Coco: Vor allem, wenn es einen entsprechend hohen Preis hat! Also, ich könnte jetzt – das ist natürlich ein Sakrileg angesichts unserer Menüüberlegungen – eine Thüringer Bratwurst gebrauchen. Die soll hier sehr gut sein. Sie riecht jedenfalls köstlich.

Anabell: Ich glaube, Fontane hätte uns den Verstoß gegen die feine Küche verziehen. Der mochte es ja auch eher deftig. Teltower Rübchen, geschmorte Kalbsbrust, Hammelkoteletts, Birnen und Klöße, gelbe Rüben, Sülze und Weißbiersuppe, das weiß ich noch.

Coco: *(nickt)* Ja, und auf keinen Fall Milchsuppe. Aus Fontanes Kindheitserinnerungen gewinnt man nicht den Eindruck, dass er die gerne gegessen hat; na ja, schließlich ist sie ein Fastengericht.

Anabell: *(mit Nachdruck))* Ja, ich kenne sie aus der Familie meines Mannes. Aber das sind Katholiken. Die Fontanes haben höchstens gefastet, wenn der gute Papa Louis wieder einmal sein Geld verspielt hat.

Coco: *(lachend)* Noch so ein schöner Taugenichts! »Aal und Gurkensalat, Hühnchen und neue Kartoffeln«, das hat mein Vater immer vorgeschlagen. Ich glaube, das ist aus »L'Adultera«. Meine Mutter pflegte dann zu lachen und mit »Aal gibt's nicht, viel zu fett – ich schlage Biersuppe mit Ingwer vor!« zu kontern. Lewin von Vitzewitz wünschte die sich, als er krank war.

Anabell: Ach, stimmt! Nachdem Kathinka mit dem schneidigen Grafen Bninski durchgebrannt ist.

Coco: Irgendjemand muss doch über die Funktion der Speisefolge bei Fontane bzw. über die Bedeutung des Essens für die geistige Konstitution der Fontaneschen Helden geforscht haben. Google das doch mal.

Anabell: In unseren Studententagen hätte man die Modenschaubesucher mit einer Performance der besonderen Art zu Fontanes Autobiographie provoziert: Gänserupfen, Schweineschlachten, Hirsch-Zerlegen. *(mit Betonung)* Nun, das gäbe doch eine formidable Gruselvorstellung. Damit wärest du in jedem Fall in der Presse.

Coco: *(nickt)* Ich stelle mir gerade die Reaktion meines Auftraggebers vor, wenn ich was von Gänseschlachten und »Schwarzsauer«, also Blutsuppe erzähle.

Anabell: Sprich mit ihm über den Spargelhype der Berliner. Dazu hat sich Fontane geäußert, habe ich irgendwo mal gelesen. Das wird die finanzkräftigen Besucherinnen deiner Modenschau ganz sicher nicht verschrecken.

Coco: Das stimmt. Und eine entsprechende Getränkeauswahl à la Fontane wird sich auch machen lassen.

Anabell: Wäre es das? Eine Modenschau kombiniert mit einer Weinprobe vielleicht?

Coco: Hat Fontane so viel getrunken wie E.T.A. Hoffmann? Ich glaube nicht. Ich habe einen Ausspruch in Erinnerung, da ging's um den dünnen Kaffee. *(überlegt einen Moment)* »Von

Zwanzig bis Dreißig«, Aus Fontanes Autobiographie ist das.

Anabell: Na, es ist schon immer vom Alkohol die Rede. Bei den Dichtersitzungen ist regelmäßig Punschbowle getrunken worden, im Tunnel über der Spree, dieser Kleintalentebewahranstalt, wie Günter Grass den Club nannte.

Coco: Halt! Jetzt fällt mir noch eine Stelle ein. Das ist »Schach von Wuthenow«. Gleich am Anfang der Geschichte. Da kehren die Herren *(überlegt einen Moment)* von Bülow, sein Verleger Sander und Alvensleben »beim Italiener« ein und lassen sich dort eine Maibowle zubereiten.

Anabell: *(nickt zustimmend)* Daran hatte ich gar nicht gedacht. Mein Vater hat die Maibowle immer nach diesem Rezept zubereitet: »Apfelsine, nicht zu viel, ein Büschel Waldmeister nicht zu lange, Moselwein und dann der Sekt extra«. Und auch das gehörte dazu, dass er stets betonte, »Cliquot ist nicht, aber Henkell tut's auch.«

Coco: *(zitiert)* »Ein Rheinwein, drei Mosel, drei Champagner«, heißt es in »Irrungen, Wirrungen«.

Anabell: *(lacht)* »Und ich schmecke es, ob Moët oder Mumm.« Nun, da hört man Fontane durch.

Coco: Ja. Da haben auch die Damen, na ja, die Begleiterinnen mit gehalten.

Anabell: *(lachend)* Ja, wie heißt sie gleich wieder, die Königin? ...

Coco: Königin Isabeau. Ich seh sie immer vor mir: ziemlich rundlich, ausgestattet mit Sonnenschirm, der ..

Anabell: ... einen großen Fettfleck hat.

Coco: Genau. Im Garten von Hankels Ablage. *(lacht)* Und ihre Kollegin hat sich die Handschuhe mit den Zähnen zugeknöpft.

Anabell: *(eifrig)* Ja, Handschuhe sind wichtig. Die darfst du nicht vergessen.

Coco: Du hast recht. Das notiere ich mir gleich. *(sie greift zu ihrem Block)* Aber zurück zu den Getränken. Meistens waren die Herren unter sich. Wein oder Bier?

Anabell: Fontane war ein Weinkenner. Schließlich wollte er immer zu den besseren Kreisen gehören. Da muss man zumindest dem Namen nach bestimmte Weinsorten kennen. Das war damals nicht anders als heute.

Coco: Montefiascone, den gab es bei uns zuhause auch. Allerdings erst nach der Wende. Doch wir haben uns dabei weder über die Bedeutung des Malers Murillo noch über die besondere Qualität spanischer Zwiebeln unterhalten wie im Hause van der Straaten. Mein Vater hat auch immer wieder betont, dass Fontane, genauso wie Goethe, für Rheingauer Wein schwärmte und zwar für den Marcobrunner.

Anabell *(energisch)* Aperol jedenfalls war dem guten Fontane noch nicht bekannt.

Coco: Ein kühles Bier konnte er wohl nie ausschlagen. *(seufzt)* Er hatte ja überhaupt so gar nichts Asketisches. Ich erinnere mich an eine Briefstelle, da beschreibt er seiner Frau, wie spartanisch er lebt: »… nur Thee und Sodawasser, eine erbärmliche Sorte von Ernährung.«

Anabell: Dafür hatte er wirklich keinen Sinn. Als ich jetzt »Cécile« wieder gelesen habe, während unseres Harzurlaubs, ist mir der Bierkonsum der Protagonisten aufgefallen. Mein Mann hat natürlich sofort Blankenburger Bier aus dem Henkelkrug bestellt. *(lacht)* Meine Tochter meinte dann – die Kids sind mit allen Wassern gewaschen – »Mama, wenn ich den Roman lese, bekomme ich dann auch ein Bier?«

Coco: Ein Radler, das könnte ich jetzt gut vertragen.

Anabell: Ich auch. Das haben wir uns doch jetzt auch verdient, oder etwa nicht? Die Getränkekarte für dein Fontanemenü könnte ich dir zusammenstellen. Das machen wir mal bei uns zuhause. Meine Tochter ist bestimmt begeistert. Weißt du was? Du lädst deinen Auftraggeber einfach dazu ein. Dann werden wir ihn schon weichklopfen.

Coco: Ja, das ist eine gute Idee. *(sieht auf die Uhr)* Du lieber Himmel! Schon so spät. Es tut mir leid. Aber ich muss los. *(sie packt ihre Unterlagen ein)*

Anabell: *(steht auf und setzt ihren Fahrradhelm auf)* Wenn du die nächsten Tage Zeit hast, dann komm doch bei mir vorbei. Ich leih dir gerne ein paar von meinen Kostümbüchern und wir planen das ultimative Fontaneessen für deine Modenschau.

Coco: Oh ja, einverstanden! Ich schau mal, wann es bei mir passt. Nehmen wir die Route über den Glienicker Park? Dann fahren wir gleich an der Kapelle vorbei und schauen mal, ob die Eingangstore hier am Jagdschloss nicht auch eine schöne Kulisse abgäben.

Anabell: Ja, das ist eine gute Idee. Das lässt sich gut fotografieren. Eventuell könnte man auch eins der Schweizer Häuser ins Bild nehmen. Denn auf das Babelsberger Schloss als Motiv würde ich nicht bauen. Das ist garantiert noch nicht fertig renoviert bis zu deiner Modenschau.

Die beiden Frauen nehmen ihre Fahrräder und verlassen den Garten.

V. Dialog

Vor dem Landtag: Fontanes Frauenfiguren protestieren

Es treten auf: Effi Briest (»Effi Briest«), Gräfin Melusine Ghiberti (»Der Stechlin«), Rosa Hexel (»Cécile«), Pauline Pittelkow, geborene Rehbein (»Stine«), Jenny Treibel, Corinna Schmidt (»Frau Jenny Treibel«), Frau Dörr und Frau Nimptsch (»Irrungen, Wirrungen«) sowie Aloysia Friederike Sawat von Sawatzki, genannt Sattler von der Hölle, Stiftsanwärterin auf Kloster Himmelpfort, vulgo Riekchen (»L'Adultera«), später Ebba von Rosenberg (»Unwiederbringlich«).

Etwas ratlos stehen die Frauen im Innenhof des Stadtschlosses in Potsdam, das wiederaufgebaut nun den Landtag beheimatet. Es ist kurz nach Mitternacht: Geisterstunde, auch für Romanfiguren!

Jenny: *(energisch)* Wo sollen wir unsere Petition abgeben?

Corinna: *(lachend)* Erst müssen wir sie ja noch formulieren. Wir haben bis jetzt nur einen Entwurf. Und vor allem *(mit Nachdruck)*, bei welcher Stelle? Wer ist im Landtag für solch ein Anliegen zuständig?

Effi: *(hat nicht zugehört)* Und das muss doch nun endlich einmal gesagt werden dürfen: Grässlich altmodisch sind wir alle miteinander. Da gibt es nichts zu beschönigen. Und Fontane ist schuld daran.

Rosa *(nickt)* Die Nora darf tanzen, Wechsel fälschen. Nora ist auch ständig einkaufen gegangen. Und was machen wir?

Pauline: Wir putzen de Fenster, wenn sich der Olle angesagt hat.

Effi: Und immer, wenn ich in Berlin gewesen bin, hatte ich jemanden aus der Familie an der Seite: Mama oder Vetter Briest oder ...

Jenny: *(unterbricht sie)* Sie vielleicht. Ich nicht.

Melusine: So kommen wir jetzt aber nicht weiter, meine Damen. Wir müssen uns einig sein. Sind wir überhaupt vollständig? Ich dachte, Cécile St. Arnaud, Christine von Holk und Melanie van der Straaten hätten auch zugesagt. Und wollten nicht auch Renate von Vitzewitz, Kathinka von Ladalinski, die Gräfin Pudalga und Adelheid von Stechlin, die Domina des Stifts Klosters Wutz, noch kommen?

Rosa: Sie haben Mathilde Möhring vergessen. Und auch eine der Damen Pogge von Poggenpuhl hatte eigentlich ihre Teilnahme versprochen.

Corinna: *(schmunzelt)* Wahrscheinlich haben sie wieder kein Geld, um eine Droschke zu bezahlen und haben sich zu Fuß verlaufen.

Pauline: Jott, wenn wir auf all die feinen Madames noch warten müssen, denn wird det nischt mit unserem Zettel.

Jenny: Zettel, Zettel. Das ist eine Petition.

Pauline: Det könnte glatt von meinem Ollen sei. Der hat auch immer so viele Fremdwörter benutzt. Aber wir fangen jetzt an. Sonst sag ick, ick warte noch auf die Stine, die Lene und die Wanda. Aber ick weeß schon, was wir alle wollen. Jott, da brauchen wir nich noch eeen paar Gräfinnen mehr.

Jenny: *(nachdenklich)* Cécile. Ist das nicht diese Schwindsüchtige, Magersüchtige?

Rosa: Ja, sie war lieb und gut und viel zu schade. Leider Gottes hat es kein gutes Ende genommen mit ihr.

Effi: Ach, das ist wie bei mir. Da suchen sie Beweise, dass ich magersüchtig gewesen bin und dass Papa darauf bestand, dass ich immer gewogen werde. *(beugt sich zu Rosa)* Papa war ein Wiegefanatiker.

Rosa: *(lachend)* Nun, das Problem habe ich nicht. Von wegen

»schlanke Erscheinung« oder »zwei Bröckchen Ragoût fin en coquille«. Das trifft auf mich nicht zu. »Zunehmen heißt Gesundwerden«, sagte Céciles Ehemann, Pierre St. Arnaud immer. Aber die gute Cecile war einfach zu nervös, melancholisch, kein bisschen robust so wie ich. Aber elegant. Mich dagegen hat Fontane überhaupt nicht anziehend gestaltet. Und dass er meine Figur mit »Embonpoints«, als die Gestalt einer glücklich verheirateten Frau umschreibt, das ist einfach deplaziert. Das verzeihe ich ihm nicht.

Corinna: Da haben Sie das Stichwort gegeben. Nun aber mal Klartext. Was werfen wir Theodor Fontane, unserem Schöpfer, oder sollte ich besser sagen Erfinder, denn eigentlich vor? Aus diesem Grund sind wir ja hier zusammen gekommen.

Pauline: *(nickt heftig)* So is es.

Melusine: Meine Damen, wenn es Ihnen recht ist, versuche ich nun einmal, unsere Forderungen zu formulieren.

Jenny: Tun Sie das, meinetwegen.

Melusine: Wir möchten als Frauengestalten der Werke Fontanes, ich spreche nur von den Prosaschriften, das lyrische Werk ist mir wenig vertraut …

Pauline: *(stemmt die Hände in die Hüften)* Alle Wetter, wie viele Kringels und Kurven kommen denn noch?

Corinna: Nun hören Sie doch erst einmal zu.

Melusine: Wir möchten also im Fontane-Jubiläumsjahr endlich in einer großen Ausstellung, hier in der Landeshauptstadt Brandenburgs, gewürdigt werden und zwar in einer anderen Form als dies bislang geschehen ist.

Jenny: *(setzt ihre Schirmspitze mit Nachdruck auf den Boden)* Sehr richtig.

Rosa: Unser weiblicher Alltag soll gezeigt werden und zwar nicht aus dem männlichen Blickwinkel. Wir brauchen keine historischen Schlachtengemälde, keine militärischen Ausstellungsstücke, keine Duellgeschichten, keine märkischen Heldendenkmäler und erst recht keine kavaliersmäßigen Huldigungen an weibliche Schönheit und Schwäche – das schon gar nicht.

Corinna: Und außerdem sollte man einmal auflisten, was wir Mädchen alles nicht durften – bei Fontane. Im Gegensatz dazu sollte man dann zeigen, was Fontane als Kind alles gemacht und in seinen Erinnerungen beschrieben hat: Schlittschuhlaufen, Schlüsselbüchsen schießen, Stelzenlaufen, Feuerwerkskörper herstellen ...

Rosa: *(fällt ihr ins Wort)* Und all die gefährlichen Spiele am Hafen! Nur die Jungen bildeten Räuberbanden, die Mädchen werden nirgendwo genannt. Darauf müsste man in einer Ausstellung ausdrücklich hinweisen.

Pauline: Nu, da werden sich die Herren, die so etwas veranstalten, schwer tun. Ick glaube ja nich so recht ans Lernen und Erziehen mit so was, mit so'ne Ausstellung. *(mit einer Handbewegung, die Geringschätzung ausdrückt)* Und von wegen unsern Alltag beschreiben.

Jenny: Na, Sie sieht man doch beim Fensterputzen.

Melusine: *(amüsiert)* Ja, Sie haben es einfacher. Wir *(sie deutet auf Effi)* tun eigentlich überhaupt nichts. Nun, in dieser Hinsicht hat uns Fontane ja ganz realistisch, nicht nur idealistisch gezeichnet.

Riekchen: Fontane war mit allen Bereichen häuslicher Führung bestens vertraut.

Jenny: Wenn man nicht so genau hinsieht, ja! Ich halte ja seine gute Emilie nicht unbedingt für einen haushälterischen Hit.

Rosa: Fontane hat sich immer – egal, wie seine Lebensumstände waren, *(mit Betonung)* immer als etwas Extraordinäres gefühlt. Um banale Hausarbeiten muss man sich da nicht kümmern. Naja, wenn der Großvater bei Hofe ein und aus ging.

Pauline: Und der Vater bringt das Geld durch.

Jenny: Dieser Wirklichkeit hat sich Fontane aber nur widerwillig gestellt. Er wäre wohl besser Beamter geworden, da wäre er abgesichert gewesen.

Corinna: *(lacht schallend)* Und uns gäbe es dann gar nicht. Bedenken Sie doch, was Sie sagen! Nun, wir sind in Fontanes Romanen so wichtig, weil wir Frauen in der Regel viel realistischer als die Männer handeln. Andererseits sind wir aber zugleich oft viel emotionaler.

Riekchen: Sie meinen, wir sind für das Rührselige zuständig?

Rosa: *(nickt)* Ja. Denn die geistreichen Sprüche, den intellektuellen Habitus, die Aperçus stammen von den Herren, Frauen, die so etwas von sich geben, gehören in die Kategorie der Blaustrümpfe, auf die Fontanes Ausspruch zutraf: »geistreich-sein ist bloß gefährlich wie schön-sein und ruiniert den Charakter.«

Im Hintergrund nähern sich zwei Frauen, die miteinander reden. Beim Näherkommen erkennt man Frau Dörr und Frau Nimptsch.

Frau Dörr: Manche sind für Kampfer und Hoffmannstropfen, aber Kampfer schwächt so und is eigentlich bloß für Motten. Nein, liebe Nimptschen, was 'ne Natur is un noch dazu solche junge, die muss sich immer selber helfen, und darum bin ich für schwitzen. Aber orntlich. Un wovon kommt es? Von die Männer kommt es. Un doch hat man sie nötig un braucht sie …

Frau Nimptsch: Un er war so was wie Klempner oder Schlosser … aber als er sah, dass es nich ging, wurd er Doktor und zog

rum mit lauter kleinen Flaschen und soll auch gepredigt
haben. ..

Frau Dörr: … Frau Nimptsch, den kenn ich …

Die beiden entfernen sich, ohne die andere Gruppe gesehen zu haben.

Riekchen: *(verblüfft den beiden Frauen nachblickend)* Was war das
denn jetzt? Was tun die denn?

Rosa: *(achselzuckend)* Sich unterhalten. Na und? Das machen doch
alle Personen bei Fontane, ohne Unterlass.

Pauline: Wenn ick meine unglückliche Schwester Stine trösten tue,
denn klingt das ja so ähnlich …

Effi: Ich muss immer wieder weinen, wenn ich mein eigenes Ende
lese. Dann ist es mir egal, ob die Forscher streiten, ob ich
fremdbestimmt bin oder nur ein Opfer eigener Illusionen.

Corinna: Modern ist Ihr Ende jedenfalls nicht.

Effi: Aber realistisch. Denn unsere Bestimmung war es ja zu heiraten und sonst gar nichts.

Rosa: »Wie manche nahm schon ihren Mann,/ Daß sie nicht sitzen
bliebe/ und dünkte sich im Himmel dann/ Und alles ohne
Liebe«. Da gibt er sich aufrührerisch emanzipatorisch, unser
Herr Fontane, in seinem Gedicht »Die arme Else«.

Riekchen: *(seufzt)* Ja, ich kenne die – die Moritat! Der Mann trinkt,
schlägt seine Frau, doch sie bleibt bei ihm wegen der Kinder
»und alles ohne Liebe«.

Effi: Ja, auch mein Innstetten war so ohne, *(sie überlegt)* ohne
rechte Liebe. Aber er war immer korrekt. Und ich wäre bei
ihm geblieben, hätte meine Sehnsüchte nicht länger aus-
gelebt. Etwas anderes hat Fontane für uns Frauen auch gar
nicht vorgesehen.

Pauline: Jott, er hat uns »kastriert«. Und det bloß, weil all die vornehmen Damens seine Geschichten gelesen haben und die möchten sonst wohl auf dumme Gedanken kommen, von wegen Emanzipation und so.

Corinna: Nun, so drastisch würde ich es nicht ausdrücken.

Melusine: *(streng)* Die Forschung sieht das ganz anders. Da heißt es, dass sich die Werke Fontanes vor allem dadurch auszeichneten, dass sie sich »tief und kenntnisreich in die weibliche Psyche und Erfahrungswelt hineingedacht« haben. *(liest von einem Blatt, das sie in der Hand hält, ab)*. Deshalb entzögen sich letztlich ihre Protagonistinnen durch ihren »vielschichtigen und komplexen Charakter« doch den »seinerzeit virulenten Weiblichkeitsklischees«.

Jenny: *(schlägt mit ihrer Schirmspitze energisch auf den Boden)* So. Damit wir eines klarstellen. Wir wollen eine Ausstellung ohne dieses Professorengeschwätz.

Corinna: *(lacht)* Du liebe Güte! Und das sagen ausgerechnet Sie! Wo bleibt Ihr Streben nach dem Höheren! Ihr Sinn für das Ideale, das Sittliche?

Jenny: *(mit Würde)* Für das Poetische habe ich stets ein Herz gehabt.

Corinna: *(lacht wieder)* Ja, ja. Ich weiß: »Wo sich Herz zum Herzen findet.«

Jenny: *(böse)* Sie haben gut lachen! Aber was musste ich nicht alles durch diese sogenannten Wissenschaftler leiden. Berechnend sei ich, schreiben diese Kritiker über mich, die aufgestiegene Kleinbürgerin, ohne Bildung, *(erregt)* ohne Bildung, verstehen Sie, und das mir! Dabei liegt mir so viel an der Kunst. Das wird nirgends gewürdigt. Da heißt es immer bloß, Fontane habe mich sehr treffend gezeichnet, detailliert meinen Alltag beschrieben. Nun, ich kann sagen, ich bin doch mehr. *(schnauft tief)* Ich führe die Konversation bei Tisch. Ich singe nicht nur einfach vom Blatt, nein, ich interpretiere Kunstlieder. Ich bin eine echte Hauptfigur. Ich bin *(sie richtet sich noch ein bisschen höher auf, mit Betonung)* die Titelheldin.

Corinna: *(trocken)* Nun, daran zweifelt niemand.

Rosa: Ja, anders durften nur die echten Nebenfiguren sein.

Corinna: Mathilde Möhring beispielsweise ist aber keine Nebenfigur!

Riekchen: Das Buch hat ja auch keiner gelesen.

Pauline: *(stemmt die Hände in die Hüften)* Nu, man langsam. Ich steh zwar nich auf'm Titel und hab auch nich das letzte Wort, aber wichtig bin ick och. Sehr sogar. Das sagen die Kritiker und se sagen och, dass Fontane nur wegen mich det Buch unbedingt veröffentlichen wollte. Er zeigt mir als eine Berlinerin, der der Wind immer ins Gesicht jeblasen hat und die trotzdem sagt: »Uff'n Arm nehm' könn' Se mir, aber nich schaukeln. Det kann ich nich verknusen«.

Melusine: Nun zurück zu unserer Petition. Ich rekapituliere ...

Pauline: Ne, kapitulieren tun wir nicht.

Melusine: *(genervt)* Wenn Sie nicht richtig zuhören können, muss ich Sie leider ausschließen. So kommen wir nicht weiter.

Jenny: *(mit Würde)* Bitte Gräfin, fahren Sie fort!

Melusine: Fontane typisiert seine Frauenfiguren. Das müsste eine Ausstellung ganz pointiert zeigen. So schuf er mit Grete Minde eine »moderne Medea«, die sich »gegen die bestehende Ordnung« auflehnt und hierbei »kläglich scheitert«, oder eine Frau des Typus Ehebrecherin in »L'Adultera«. Andere seiner weiblichen Figuren entsprechen einer Auseinandersetzung mit den Stereotypen der Femme enfant, oder der Beauté de diable. Fontanes Frauentableau enthält Beispiele für die »gefallene Frau« oder die »schöne Seele« sowie viele weibliche Charaktere, »die nach Bildung, Erfolg und Emanzipation streben«.

Pauline: *(nickt)* Bildung, ja det is es, wat mir immer jefehlt hat.

Corinna: *(seufzt)* Wie soll man diese Erkenntnisse in einer Ausstellung zeigen? *(nachdenklich)* Viel wichtiger, was wollen wir jetzt in unserer Resolution verlangen?

Melusine: *(indem sie auf ihren Zettel blickt)* Alle Frauenfiguren Fontanes teilen doch eine große Gemeinsamkeit: Sie sind »Opfer und Täterin zugleich« und werden, wie Frau Bauer, eine Frauenforscherin feststellt, fast immer »unschuldig schuldig«.

Effi: Ja, Ich habe eigentlich nichts davon gehabt. Das bisschen Sex und am Ende muss ich sterben. Da werde ich von meinen Eltern, oder sollte ich sagen von meiner Mutter, als Siebzehnjährige mit dem drögen Baron von Innstetten verheiratet und muss fortan in der Einöde versauern. Einziger Lichtblick: Major Crampas. Auch dieses Vergnügen bleibt nicht ungesühnt. Fontane lässt mich unheilbar krank werden und das mit noch nicht einmal dreißig Jahren. Vom Ehemann verstoßen, von den Eltern nur gnadenhalber aufgenommen, gehe ich so langsam zugrunde. Das ist schrecklich, dieses Dahinsiechen! Und wie reagieren meine Eltern? Die kritische Selbstbefragung meiner Mutter, ob womöglich sie als Eltern eine Mitschuld an meinem Schicksal tragen, kann mein Vater nur mit einem Schulterzucken beantworten. Seine Ausflucht hat es zum geflügelten Wort gebracht. »Ach Luise, lass, das ist ein zu weites Feld.«

Melusine: Verzeihen Sie, wenn ich das so sage, Ihre verehrte Mama zeichnet sich ebenfalls nicht gerade durch Intelligenz oder Herzensgüte aus. Ein etwas utilitaristisches Denken lässt sich wohl ebenfalls nicht von der Hand weisen.

Effi: *(nickt traurig)* Leider haben Sie recht, Gräfin! *(seufzt)* Aber Sie müssen am Ende ja nicht sterben. Von wegen Emanzipation!

Eigentlich ist die Mama die Schuldige. Weil sie den Innstetten dann doch nicht genommen hat – Papa bot ihr damals schon deutlich mehr, vor allem Hohen-Cremmen. Deshalb hat sie mich mit ihm »verkuppelt«.

Pauline: Ick weer man froh gewesen, wann man mir so verschachert hätte.

Effi: Trotzdem bin ich keine Madame Bovary und keine Anna Karenina.

Corinna *(unterbricht sie)* Ja, Flaubert ist er nicht, der Fontane, auch kein Tolstoi. Das werden die Germanisten nicht müde zu betonen. Aber was soll's?

Melusine: *(an Effi)* Dafür hat Fontane Sie unsterblich gemacht. Sehen Sie, das haben Sie der guten Sidonia von Borcke, Zisterzienserin aus Pommern, die im Alter von zweiundsiebzig Jahren 1620 wegen Hexerei hingerichtet worden ist, voraus.

Effi: Was hat das mit mir zu tun?

Melusine: Eben. Die Sidonia würde man kennen, wenn Fontane sich ihrer literarisch angenommen hätte. Was wollen Sie mehr. Jede Charakterschauspielerin träumt davon, einmal irgendwo als Effi Briest aufzutreten.

Jenny: Und Max Liebermann hat sie gezeichnet. *(mit Nachdruck)* Max Liebermann!

Effi: *(beleidigt)* Aber nicht gut getroffen. Und überall sieht man mich bloß auf der Schaukel. Und dann verweisen die Germanisten darauf, dass auch Fontane selbst gerne geschaukelt hat. Ich mochte das gar nicht so. Aber was hätte ich denn sonst tun sollen?

Rosa: »Dich trägt dein Glück!« Wir Frauen haben Fontane Glück gebracht. Von seinen siebzehn Romanen oder Erzählungen haben sieben einen Frauennamen im Titel. Das ist doch beachtlich und spricht für ihn – auch wenn ich nicht im Titel erscheine.

Jenny: *(großzügig)* Eigentlich ist ja die Schmolke die wichtigste Frauenfigur in unserem Roman, neben mir natürlich. Das siehst du doch auch so, Corinna oder etwa nicht?

Corinna: *(lacht)* Tja, weil Fontane so viel über ihren Mann sagen konnte. Das war ja ein ganz besonderer Bereich, die Sittenpolizei. Dafür haben sich die Berliner und wahrscheinlich vor allem die Berlinerinnen interessiert. Und mein Gespräch mit der Schmolke und den Erinnerungen an ihren Mann bildet das Zentrum unseres Romans; die kleinen Dinge des Alltags, in dem Falle die Lebensweisheiten eines Polizeibeamten.

Pauline: *(energisch)* Also von die Erotik, da hat der Fontane keine Ahnung nich. Ich sach's mal so. Wenn et mit dem Geturtel denn wirklich handgreiflich wurde, denn war das Kapitel zu Ende.

Corinna: Der Ehebruch findet immer zwischen den Kapiteln statt. Ja, so lästern jedenfalls Fontanes Kritiker.

Rosa: Ach, es gäbe doch viele andere Punkte, die spannend sind. Es ist eigenartig, aber wahr und die Forschung hat es bislang viel zu wenig beachtet. Die Rolle der liebenden Mutter ist bei Fontane eine Leerstelle. Meistens sind die Mütter bereits tot, wenn die Handlung einsetzt.

Riekchen: Oder sie tragen Mitschuld am Schicksal der Kinder.

Jenny: Dagegen muss ich nun doch ganz entschieden protestieren.

Pauline: Na, Sie haben ja nur Jungens. Ick wees nich, wat et da viel zu spekulieren gibt. Unsereins hat gar keene Zeit, sich viel Gedanken zu machen. Man is froh, wenn ma über die Runden kommt un wenn der Olle zahlt. Un die Olga muss ich oooch durchbringen. Die is ja nu nich von meinem Grafen.

Rosa: *(boshaft)* Bei 20.000 Prostituierten in Berlin, 1890, da gab es schon viel Konkurrenz.

Melusine: *(würdevoll)* Bleiben wir beim Thema. Wir sind alle ohne mütterlichen Beistand aufgewachsen, Melanie van der Straaten, Renate von Vitzewitz, Kathinka von Ladalinski, meine Schwester Armgard und ich.

Riekchen: Wie hat Fontane gesagt: » Alle meine Frauengestalten haben einen Knacks weg. Gerade dadurch sind sie mir lieb, ich verliebe mich in sie, nicht um ihrer Tugenden, sondern um ihrer Menschlichkeiten, d.h. um ihrer Schwächen und Sünden willen.«

Melusine: *(mit Nachdruck)* Nun, mich hat er auch verstanden. Er hat gewusst, dass ich anders bin als meine Schwester Armgard. Mein Trauma hat er zum Glück nur angedeutet.

Jenny: Aber den jungen Stechlin, den hat er Ihnen nicht gegönnt.

Melusine: Glauben Sie denn, ich wäre in der Mark glücklich geworden? Aber dafür hat er mich sehr genau beschrieben. Ja, Fontanes Romane sind *(sie liest wieder von ihrem Blatt ab)* schon zu einem großen Teil »Frauenromane«, nicht zuletzt wegen der bemerkenswerten Konzentration auf das Thema »Frau an sich«.

Rosa: *(energisch)* Letzteres ist allerdings nicht ganz zutreffend, denn Fontanes Frauen sind nie »Frauen an sich«, sondern immer Frauen im Wirbel der Geschlechterbeziehungen, im »Gender Trouble«, um mit Judith Butler zu reden. Ihnen, den Geschlechterbeziehungen seiner Zeit, dürfte Fontanes Interesse also gegolten haben, und nicht einer abstrakten »Frau an sich«.

Jenny: *(verärgert)* Ich verstehe überhaupt nicht, was Sie da reden.

Corinna: Richtige Machtweiber fehlen oder sie sind eher anachronistisch wie die gute Tante Amelie, die Gräfin Pudalga.

Rosa: Ja, auch die Karikaturen sind häufiger, wie Fräulein Honig beziehungsweise die Baronin von Snatterlöw, die etwas von einer Massagedoktorin hat, oder die langweilige Helene Treibel. Für diese hochnäsige Hanseatin hat sich Fontane auch nicht besonders interessiert.

Melusine: *(mit Würde)* Weil sie keine rechte Liebe zeigt. Die Liebe lebt von liebenswürdigen Kleinigkeiten, sagt er einmal. Doch dieser Diskurs bringt uns unserem Ziel, eine Petition zu formulieren, keinen Schritt näher.

Im Hintergrund nähern sich zwei Frauen, die miteinander reden. Beim Näherkommen erkennt man Frau Dörr und Frau Nimptsch.

Pauline: Mann, die zwee schon wieder!

Die beiden scheinen das nicht gehört zu haben.

Frau Nimptsch: Ich will einen gelben Sarg haben un blauen Beschlag. Aber nich zuviel . .. Un ich will auf'n neuen Jakobikirchhof liegen, hintern Rollkrug un ganz weit weg, nach Britz zu.

Frau Dörr: O du meine Güte, denn is es schlimm. Immer wenn das Einbilden anfängt, fängt auch das Schlimme an. Das is wie Amen in der Kirche. Jott, mir schuddert so.

Die beiden entfernen sich, ohne die andere Gruppe gesehen zu haben.

Corinna: *(nachdenklich)* Obwohl die Kritiker, gerade was die Frauenfiguren anbelangt, Fontane nicht unbedingt eine altmodische Einstellung vorwerfen. Aber auch für ihn war eine selbständige, berufstätige Frau nicht das weibliche Muster. Was durfte ich denn schon tun? Konversation machen, den

Papa unterhalten und am Ende einen Gelehrten heiraten. Also, Fontane hätte den Frauen das Wahlrecht nicht zugestanden. Und wie er seine Frau darüber belehrt! Nein, wirklich emanzipiert sind wir alle nicht.

Riekchen: Was wir Frauen immer bei ihm durften: Briefe schreiben.

Effi: Das ist jetzt aber kein gutes Stichwort!

Pauline: Nu reicht es aber mit det abstraktem Gerede. Ick halt nix davon. Jott, so viel Lebenserfahrung kann man von so einem alten Mann doch verlangen. Immerhin. Er war sechzig, da begann seine Karriere als Romanenschreiber. Da haben andere längst ihr Gebiss verloren.

Jenny: Er hatte auch keine Zähne mehr.

Pauline: Echt jetzt?

Corinna: *(sich das Lachen verbeißend)* »Viele Wahrheiten sind trostlos, aber dennoch bleiben es Wahrheiten,« hätte Fontane sicherlich in diesem Falle gesagt.

Riekchen: Schrecklich, diese alten Männer!

Rosa: Die jungen sind auch nicht besser, glauben Sie mir.

Jenny: *(mit Nachdruck)* Reich geworden ist Fontane durch uns. Mit uns, seinen Romanfiguren.

Rosa: Dann können sie hier auch mal ein bisschen Geld in die Hand nehmen, um uns in einer Ausstellung zu würdigen.

Melusine: Das ist auch meine Meinung. *(sie weist auf die Barockattrappen)* Was glauben Sie, was diese seltsamen Sanssouci-Pappkartons hier im Innenhof gekostet haben!

Corinna: Warum nicht eine Ausstellung der Fontane-Frauen im Museum Barbarini?

Riekchen: »Kolossal niedlich« hätte Fontane das gefunden.

Rosa: *(schüttelt den Kopf)* Wir bringen kein Geld. Mit Bildern ist das anders. Und wegen uns kommen auch keine Touristen aus China.

Effi: *(mit einem gewissen Stolz)* Mich kennt man auch in Asien. Ich bin z.B. ins Chinesische übersetzt.

Pauline: Denn stellen wir uns vor's Filmmuseum.

Corinna: *(lacht)* Sie meinen, wir alten Frauen stellen uns vor das älteste Gebäude der Stadt, das zudem das älteste Filmmuseum Deutschlands beherbergt.

Pauline: *(zuckt die Achseln)* Jott. Die können schließlich froh sein, dass es uns gibt. Wir sind medientauglich. *(an Rosa gerichtet, betont)* Und an uns können die was verdienen. Det gloob ick schon, so wahr ick Pauline Pittelkow heiße.

Die Frauen gehen durch das Fortunaportal Richtung Schwanentreppe.

Jenny: Sollen wir unseren Text nun an die Bittschriftenlinde hängen?

Pauline: *(verächtlich)* Linde! Das ick nicht lache. Det Mickerbäumchen verkraftet ja nicht einmal ein paar große Zettel.

Melusine: *(ungeduldig)* Meine Damen. Die Zeit drängt. Sehen Sie auf die Uhr. Gleich läuft unsere Stunde ab. Und wir haben unsere Petition noch immer nicht formuliert.

Effi: Sollten wir die Petition nicht besser im Landtag abgeben? Frauen in Brandenburg. Wir können sie in den Briefkasten stecken.

Melusine: Dazu müssen wir ja erst einmal das Schriftstück fertig haben. Die Geisterstunde endet in wenigen Minuten.

Riekchen: Da fällt mir der Fontanespruch ein: »Anständige Menschen werden immer miteinander fertig.«

Jenny: *(voller Verachtung)* So ein Unsinn! Was soll das denn jetzt heißen? *(mit wachsender Ungeduld)* Ich sehe es schon kommen. Wir warten auch die nächsten hundert Jahre noch, bis wir endlich soweit sind.

Sie stehen an der Treppe, als plötzlich ein Motorboot anhält.

Rosa: Sehen Sie mal, da kommt ja die Ebba von Rosenberg!

Melusine: Ich weiß etwas Besseres. Wir steigen jetzt in dieses eigenartige Boot und fahren rund um Potsdam.

Ebba: *(mit ihrem Schal winkend)* Ja, meine Damen! Steigen Sie ein! Das Fahren mit diesem seltsamen Gerät ist gar nicht so schwierig.

Auf den Rückbänken sitzen mehrere Frauen, die große Hüte tragen und ihre Sonnenschirme aufgespannt haben.

Pauline: Mensch, ick fall tot um. Da ist ja die Stine. Ick bin dabei bei die Kahnpartie!

Jenny: *(energisch)* Also gut. *(an Effi gerichtet)* Sie sind ja schon tot. Ihnen kann ja sowieso nichts mehr passieren.

VI. Dialog

Auf der Schlossterrasse von Sanssouci: Ein Parnassgespräch unter Eingeweihten über den »alten Kollegen Fontane«

Die auftretenden Damen haben alle eines gemeinsam. Als Schriftstellerinnen sind sie Zeitgenossen Fontanes, ja auch Konkurrentinnen:

Hedwig Dohm (1831 – 1919), E. = Eugenie Marlitt (1825 – 1887), Charlotte Birch-Pfeiffer (1800 – 1868), Fanny Lewald (1811 – 1889), Marie von Ebner-Eschenbach (1830 – 1916) sowie Johanna Kinkel (1810-1858) als stumme Rolle.

Für kurze Zeit sind sie dem Dichterhimmel, Abteilung »weibliche Künstlerinnen«, entflohen. Dort ist man froh. Die Frauen gelten alle als anspruchsvoll, ja bisweilen schwierig.

Die Damen sind ins Gespräch vertieft von der Historischen Mühle gekommen und stehen nun vor dem Schloss an den Treppenstufen.

Marie von Ebner-Eschenbach: Fontanes Karriere als Romancier hat doch erst begonnen, als er sechzig war. Preußens wichtigster Schriftsteller, der Kenner der Lokal- und Regionalgeschichte, der Peter Rosegger der Mark Brandenburg war ein echter Spätzünder. *(lächelt überlegen, während sie ihren Sonnenschirm zuklappt)* Na ja, in diesem Brandenburg haben sie nicht so viele bedeutende Schriftsteller. Bitte! *(sie setzt sich auf eine Bank und deutet huldvoll neben sich)*

Hedwig Dohm: *(stellt sich an die Treppe)* Da haben Sie Recht. Aber, wer Kleist und Fontane erbt, der kann locker auf Dutzende von literarischen Leichtgewichten verzichten.

Johanna Kinkel nimmt rechts neben Marie von Ebner-Eschenbach Platz und stellt ihre große Reisetasche aus Segeltuch vor sich ab.

Fanny Lewald: *(kämpferisch)* Außerdem stimmt das so grundsätzlich gar nicht. Der Herr Doktor honoris causa hat in allen Lebensabschnitten geschrieben, nur seine großen Romane, die kamen relativ spät.

Marie von Ebner-Eschenbach: *(ehrlich überrascht)* Ach, dass man ihn in dieser Form geadelt hat, das wusste ich nicht.

Fanny Lewald: Ja, die Doktorwürde erhielt er zu seinem fünfundsiebzigsten Geburtstag von der Berliner Universität verliehen.

Hedwig Dohm: *(nickt)* Theodor Fontane hat schließlich erwandernd Preußen, seine märkische Heimat, entdeckt. *(sie holt sich einen der Gartenstühle und setzt sich)*

E. Marlitt: *(spitz)* Mit seinen Naturbeschreibungen war es ja nicht weit her. Seine brandenburgischen Landschaften bestehen aus Friedhöfen, Schlössern und Feldherrendenkmälern. *(sie wendet sich suchend um, dann holt sie sich ebenfalls einen Stuhl)*

Hedwig Dohm: Generationen von Berlinern sind auf den Spuren seiner Reiseschilderungen im Havelland und im Spreewald unterwegs gewesen. Ich habe mir sagen lassen, das sei heute wieder modern.

Fanny Lewald: *(nickt)* Ja, er hat die Berliner, die beim ersten Sonnenstrahl hinaus ins Freie eilten, gut getroffen. Ich erinnere mich an »Frau Jenny Treibel«, da beschreibt Fontane eine Landpartie zum Halensee. Und natürlich hört man die Kugeln auf der Doppelkegelbahn rollen und selbst der Schimmel erhält ein Seidel Bier, »Löwenbräu!«, darauf besteht Kommerzienrat Treibel. *(sie setzt sich links neben Marie von Ebner-Eschenbach)*

Charlotte Birch-Pfeiffer: *(versonnen, herumwandelnd, während sie sich mit dem Spitzentaschentuch über die Stirn streicht)* Gegen ein kühles Pils hätte ich jetzt nichts einzuwenden. Haben Sie eigentlich auch Mathilde von Rohr eingeladen?

E. Marlitt: *(ungeduldig, zu ihr gewandt)* Das können wir später ... *(Sie stellt ihre Bügeltasche auf das Mäuerchen)*

Hedwig Dohm: Später hat Fontane seinen Romanen diese Reiseberichte zugrunde gelegt. Sie waren der zweite Aufguss, sozusagen. Er konnte dann stets auf exakte Raumbeschreibungen, auf Lageskizzen und Anekdoten aller Art zurückgreifen. Das gab seinen Erzählungen und Romanen die Substanz.

E. Marlitt: Für Vorträge, z.B. bei der Militärakademie hier in Potsdam, hat er die Stoffe aus den Wanderungen auch noch genutzt. Und er hat viele davon vorab drucken lassen. Übrigens sind die stets gut dotiert worden.

Fanny Lewald: Ja. Außerdem erhielt er staatliche Zuschüsse.

E. Marlitt: Ach, was Sie nicht sagen!

Fanny Lewald: Yes I'm sure. Lange Zeit hat das preußische Kulturministerium die Wanderungen mit Forschungsgeldern unterstützt.

Hedwig Dohm: Ja, seine Reportagen brachte ihm viel Geld ein. Und das brauchte er ...

Fanny Lewald *(nickt)* ... in dieser Berliner Schnoddergesellschaft.

Marie von Ebner-Eschenbach: *(arrogant)* Obligiert, meine Gnädigste, obligiert.

E. Marlitt: Und zuvor hat er halb Schottland abgewandert. *(Sie öffnet ihre Bügeltasche und holt ein Umhängetuch heraus)*

Hedwig Dohm: *(steht auf und streckt sich)* Wie genieße ich den frischen Wind. Er erinnert mich an meine Sommerferien auf Usedom. *(an die anderen gerichtet)* Ich wäre aber niemals auf die Idee gekommen, sämtliche Herrensitze und Villen auf der Insel bzw. die Ackerfurchen der Uckermark auf ihre Geschichtstauglichkeit hin zu untersuchen, wie das Fontane gemacht hat.

Johanna Kinkel nickt und entnimmt ihrer Reisetasche ein Buch.

Fanny Lewald: Die Leute wollten das aber lesen.

Marie von Ebner-Eschenbach: Ja, vor allem die Berliner gierten nach bedeutungsvollen Geschichten über ihre bedeutungsvolle Stadt und ihre bedeutungsvolle Umgebung. *(mit einer gewissen Geringschätzung)* Militärische Überlegenheit allein macht ja noch keine Kulturnation aus.

Hedwig Dohm: *(weist auf das Schlossgebäude hinter ihnen)* Ausgerechnet hier sollten Sie nicht so verächtlich über Preußen sprechen.

Marie von Ebner-Eschenbach: *(lässt ihren Blick über die Fensterfront schweifen)* Einwurf akzeptiert.

Fanny Lewald: Er, also ich meine Fontane, hat aus den Adelshäusern berichtet, Skandale und Sagen an den *(betont)* Schauplätzen erzählt und das alles in einem lockeren Plauderton.

Marie von Ebner-Eschenbach: Ja, dieser Plauderton war neu. Und politische Skrupel hatte Herr Fontane nie. Er war ja zeitweise so etwas wie der Hofberichterstatter der Hohenzollern.

Hedwig Dohm: *(seufzt)* Er war ein Verwertungsgenie!

Fanny Lewald: *(lacht)* Das kann man wohl sagen. Ich erinnere mich an eine Episode aus »Irrungen, Wirrungen«. Botho und Lene wollen gemeinsam einen Ausflug machen, nur wohin? Sie entscheiden sich schließlich für ‚Hankels Ablage‘. Ich habe Fontane gefragt, wie er ausgerechnet auf diesen Schauplatz komme. Da sagt er, dass er darüber schon berichtet habe, nämlich als er eine Bootsfahrt von Köpenick aus geschildert habe.

Hedwig Dohm: *(lachend)* Oh, ja, Hankels Ablage ist mir bekannt. Auch Fontanes Heldin Stine schwärmt von ihr. Wussten Sie, dass Fontane sich in das Gasthaus für ein paar Wochen zurückgezogen hat. Zum Schreiben, Studien vor Ort. Eine besonders eifrige Sektion der Fontane-Gesellschaft, der ‚Fontane-Kreis Zeuthen', hat dort ein Denkmal errichtet. *(nach einer Weile)* Ja. Fontane dachte sehr ökonomisch! Das kann ich nur bewundern.

Marie von Ebner-Eschenbach: Bewunderung! Nun, die hat er ja ausreichend erhalten. Und er war bis ins hohe Alter ein sehr schöner Mann. Und hat sich gerade gehalten. Wahrscheinlich, weil er immer so viel gewandert ist. Er muss richtig sportlich gewesen sein. Weiß jemand von Ihnen, wie viele Porträts von ihm existieren?

Charlotte Birch-Pfeiffer: Na ja, sooo schön war er jetzt auch nicht. Und eitel fand ich ihn, über alle Maßen, den Herrn Theodoooor Fontann *(sie breitet theatralisch die Arme aus)*. Und immer hat er Französisch parliert, hat mit ein paar eingeworfenen englischen Begriffen renommiert. Ach ja, Ihre Frage. Ich weiß nur, dass Max Liebermann ihn 1896 porträtiert hat. Gibt's noch Stühle? *(sie sieht sich um)*

Hedwig Dohm: Mich hat man ja immer für meine große Schönheit gerühmt. Mich hat Franz von Lenbach porträtiert. *(verliert sich einen Moment in Erinnerungen, dann nach einer kleinen Pause sehr energisch)* Marie Goslich hat Fontane jedenfalls nicht fotografiert.

E. Marlitt: Wer war das denn?

Fanny Lewald: Kennen Sie die erste bedeutende Fotografin nicht! Sie hat nur über ihn gelästert. Im Gasthof Baumgartenbrück, in dem auch Fontane gerne eingekehrt ist. Wahrscheinlich hat man ihn dort freigehalten. Am Schwielowsee ist das.

Charlotte Birch-Pfeiffer: Ist das bei der Baumgartenbrücke? *(sie schleppt einen Stuhl an und stellt ihn neben die Gartenbank)*
Fanny Lewald: Richtig. Sie steigen in Caputh in das Fährboot nach Geltow. Von dort ist es ein bequemer Spaziergang. *(lacht)* Marie Goslich treffen Sie natürlich nicht mehr an. Vielleicht hängen ein paar ihrer Fotos aus. Ob man Sie dort aber freihält ... Das glaube ich nicht.
Charlotte Birch-Pfeiffer: Ich war ja auch nie ein Lokalreporter wie Fontane. *(indem sie sich an Marie von Ebner-Eschenbach wendet)* Sein Freund Adolph Menzel hat ihn doch sicherlich porträtiert. Fontane hat ihn häufig in seinem Atelier im Schloss besucht und die beiden kannten sich aus dem Tunnel über der Spree.
Fanny Lewald: Das glaube ich nicht, obwohl, *(sie überlegt)* Fontane hat ein Gedicht auf seinen Tunnel-Genossen Menzel verfasst. *(mit Nachdruck)* Männer! Ja, es spielt hier im Garten von Sanssouci.
Charlotte Birch-Pfeiffer: *(zitiert)* ‚Auf der Treppe von Sanssouci' »Ja, wer ist Menzel? Menzel ist sehr vieles/Um nicht zu sagen alles;« *(zeigt in die Runde)* Genau hier lässt Fontane Menzel von Friedrich dem Großen loben. Tja, eine Hand wäscht die andere. Haben Sie eigentlich auch Mathilde von Rohr eingeladen?
Marie von Ebner-Eschenbach: Aber meine Damen, nur kein Neid! Theodor Fontane, der Mann mit den hugenottischen Vorfahren, ist schon ein beeindruckendes Beispiel dafür, was man in so einem langen Leben alles zu leisten imstande ist. Außerdem halte ich ihn für *(entschieden)* eine urbane Persönlichkeit und äußerst eloquent. Obwohl *(überlegt einen Moment)* Ich glaube, er war nur ein einziges Mal in Wien. Trotzdem, ein Weltbürger. Und er hat bewiesen, wie man

seinen Alltag sinnvoll auszufüllen vermag, auch im hohen Alter! Ganz preußisch – nämlich mit Arbeit.

Fanny Lewald: *(zustimmend)* Arbeiten, und nicht müde werden! Das ist doch auch unsere Maxime gewesen. Nicht achten auf die boshaften Kommentare männlicher Kritiker wie Robert Prutz. *(wütend)* »Schwächliche Produkte«, nannte er meine Schriften. Meine Einbildungskraft sei unfruchtbar, ich hätte keine Phantasie. Von wegen! Mein Arbeitspensum hat ihn gestört.

Hedwig Dohm: *(nickt)* D'accord! Beschäftigung und Bewegung – das ist das Rezept gegen das Altwerden. »Untätigkeit ist der Schlaftrunk, den man dir, alte Frau, reicht. Schaffen ist Freude! Und Freude ist fast Jugend!« *(an die anderen gerichtet)* Das stammt von mir. Das habe ich aufgeschrieben *(mit großem Nachdruck)* und veröffentlicht.

Marie von Ebner-Eschenbach: *(sie hat nicht zugehört, sondern einen Käfer auf ihrem Kleidersaum beobachtet)* Meine Damen, zurück zu Fontane! Seine Bilanz: Siebzehn Romane in zwanzig Jahren, viertausend Zeitungsartikel, hunderte von Balladen und das alles in *(überlegt einen Moment)* summa summarum sechzig Jahren.

Fanny Lewald: Sie sind ja bestens informiert, Chapeau! *(dann mit einem gewissen Stolz)* Ich halte siebenundzwanzig Romane, dreiundvierzig Novellen und über sechzig Aufzeichnungen und Reiseberichte dagegen.

Marie von Ebner-Eschenbach: *(unbeeindruckt)* Eine Leistungsschau wollen wir jetzt aber nicht anfangen. Wir *(nachdrücklich)* sind schließlich keine Mannsbilder! Also, zurück zu Theodor Fontane. Seit 1877 stand er im Brockhaus. Da darf man dann auch schon ein bisschen eitel sein. Dass man sich quälen muss, nun, das gehört dazu.

Charlotte Birch-Pfeiffer: Na, gequält hat er vor allem wohl seine Umgebung, seine Frau, seine Tochter und wehe *(sie holt aus ihrem Ridikül ein Seidentuch und wedelt sich damit Kühle zu)*, wenn er seinen Shawl vergessen hatte! Ein Hypochonder war er durch und durch.

E. Marlitt: Das sind wir doch alle. *(betrachtet amüsiert das Ridikül)* Wer mit dem Kopf arbeiten muss, der fürchtet sich eben vor Schnupfen. Weil man nicht mehr richtig denken kann, wenn einem dauernd die Luft ausgeht.

Hedwig Dohm: *(mit einem kritischen Blick auf die Marlitt)* Ach, schleppen Sie deshalb immer so einen dicken Schal mit sich herum?

E. Marlitt: Fontane muss eine besonders robuste Natur gewesen sein. Nehmen Sie nur diese Wanderberichte. All diese Seenlandschaften – im Spätherbst! Wie hat es da gezogen! *(sie öffnet ihre Bügeltasche und entnimmt ihr eine Tüte Hustenbonbons)*

Charlotte Birch-Pfeiffer: Ah, Isländisch-Moos-Pastillen, die hat Fontane auch immer benutzt.

Fanny Lewald: Er hat ja auch ständig gejammert, vor sich hin gekränkelt und damit seine ganze Familie terrorisiert.

Hedwig Dohm: Er kannte sich aber doch aus mit Medikamenten. Immerhin war er Apotheker.

Fanny Lewald: Ungern. Vierzehn Jahre erduldete er die Fron.

Hedwig Dohm: Nichts gegen die vierzig Jahre, die er als Journalist gearbeitet hat.

Charlotte Birch-Pfeiffer: Schusselig war er auch. Ich erinnere mich an mehr als einen Bericht, wo er irgendwo falsch eingestiegen oder umgestiegen ist. Von wegen sportlich! Zu Fuß war er selten unterwegs. Meistens ist er gefahren.

Marie von Ebner-Eschenbach: Wahrscheinlich hat er später Provision bei den verschiedenen Eisenbahn- und Schiffahrtsgesellschaften bekommen!

Charlotte Birch-Pfeiffer: *(vollkommen überrascht)* Glauben Sie wirklich? *(kramt in ihrem Ridikül und zieht dann ein Brillengestell heraus)* Schrieb Fontane für die Nachwelt, für die kleine, mittlere oder große Unsterblichkeit, was glauben Sie?

Hedwig Dohm: Fontane schrieb vor allem für ein weibliches, bürgerliches Publikum.

Fanny Lewald: *(fällt ihr ins Wort)* Er musste schreiben. Das hat ihn sein ganzes Leben umgetrieben. Er hat immer geschrieben und auch immer publiziert. Er brauchte die öffentliche Anerkennung.

Marie von Ebner-Eschenbach: Ja und das Geld. Das hatte er mit diesen Hohenzollern gemeinsam. *(seufzt etwas theatralisch)* Aufsteiger müssen sich eben profilieren. *(klappt ihren Sonnenschirm auf)* Wo kamen die ursprünglich her?

E.Marlitt: Wer? Die Hohenzollern? Ich glaube aus dem Schwäbischen oder Fränkischen. Und bekannt geworden sind sie eigentlich erst mit dem Großen Kurfürsten.

Charlotte Birch-Pfeiffer: *(verwirrt)* Aber Fontane hat doch den Großen Kurfürsten nicht mehr erlebt, oder?

E. Marlitt: *(verdreht die Augen)* Nein, nein. Da können Sie ganz beruhigt sein.

Fanny Lewald: *(nickt und spricht dann ganz langsam)* Ja, der Große Kurfürst brachte die Hugenotten nach Brandenburg. Fontanes Vorfahren. Das Edikt von Potsdam, das war 1685.

Hedwig Dohm: Ja, man sagt heute, Preußen sei der erste Tigerstaat der Geschichte gewesen.

Charlotte Birch-Pfeiffer: *(verwirrt)* Tiger? Wieso? Gab es hier Tiger? Ich dachte, Füchse und Wildschweine …

Hedwig Dohm: *(unterbricht sie, ungeduldig)* Also, wie Sie Ihre Zeit verbringen! Tigerstaaten, so nennt man Staaten, die mächtig sein wollen und aggressiv sind.

Charlotte Birch-Pfeiffer: *(beleidigt)* Ich habe mich nie für Politik interessiert. Wie sagte Fontane? »Politiker sind Politiker, aber – kein Publikum.«

E. Marlitt: Das merkt man! Die letzten Jahre vor seinem Tod hat die Politik auch Fontane nur noch angeekelt. Die Hohenzollern hat er jedenfalls dann nicht mehr hofiert.

Fanny Lewald: Sie ihn übrigens auch nicht.

Marie von Ebner-Eschenbach: Bei seinem Tod wollte er es lieber schlicht. Seine Frau und er liegen gleichberechtigt nebeneinander in einem ganz einfachen Grab. Kein Mausoleum, kein aufwändiger Skulpturenschmuck. Ja, der gute Fontane war im Alter ganz »verdemokratisiert«. Da ging ihm die hohenzollerische Großspurigkeit schließlich doch gehörig auf die Nerven.

Hedwig Dohm: Sie meinen, demokratische Gesinnung mit Adelsattitüde? Nun, er hat ja an vielen Mythen eifrig mitgestrickt. Ich denke nur an seine Beschreibung des Scharnhorstdenkmals auf dem Invalidenfriedhof.

Fanny Lewald: Dass er ein Meister der dezenten Darstellung ist, dass er sich um alle Gewaltszenen herumgemogelt hat und keine Temperamentsausbrüche, keine Liebesszenen beschreiben wollte …

E. Marlitt: *(wirft ein)* … konnte!

Fanny Lewald: … das kam in früheren Generationen gut an, modern ist es nicht.

Marie von Ebner-Eschenbach: Seine übergeordnete Erzählerinstanz vermittelt den Eindruck von Ordnung und Sicherheit.

Charlotte Birch-Pfeiffer: So etwas lieben die bürgerlichen Mamas.

Johanna Kinkel nickt eifrig.

Fanny Lewald: Fontanes Erzählungen durfte man getrost den Töchtern überlassen.

E. Marlitt: *(gedehnt)* Nun ja, meistens und sicherlich nicht allen!

Hedwig Dohm: Die große Leidenschaft fehlt bei ihm immer, genauso wie die Erotik. *(lacht)* Tja, die Selbstzensur der Familienzeitschriften!

E. Marlitt: Dafür gab's bei ihm, anders als in meinen Romanen, kein Happy End.

Fanny Lewald: Wir haben uns doch auch sehr zurückgehalten. Diese Dezenz galt für alle Schriftsteller, egal ob männlich oder weiblich. Schließlich wollten wir alle ja gedruckt werden.

Charlotte Birch-Pfeiffer: Sich quälen, Selbstdisziplin üben, ist das das Geheimnis seines Erfolgs?

Fanny Lewald: *(beugt sich über die Brüstung)* Wuchsen hier eigentlich schon immer Feigenbäume? Wissen Sie das?

Charlotte Birch-Pfeiffer: *(beleidigt)* Lenken Sie nicht ab, beantworten Sie meine Frage.

Hedwig Dohm: Du lieber Himmel! Selbstdisziplin, das braucht doch jeder Schriftsteller. Das ist doch kein Geheimnis. Das ist Alltag!

Fanny Lewald: Wie oft hat er mir abgesagt: »Bin immer noch kolossal schlapp und nervenrunter.«

E. Marlitt: Aber in seinen Romanen spürt man nichts von diesen Anstrengungen, Plagen, Leiden. Sie sind so leicht dahin geschrieben. Und gerade die Alten, die quälen sich scheinbar gar nicht. Da ist nichts zu spüren von bleierner Melancholie, von Düsternis.

Fanny Lewald: Wie sagte er lakonisch? »Mein Trost: ‚Um 9 ist alles vorbei!‘«

Marie von Ebner-Eschenbach: Ja, auch mich haben vor allem die Charaktere überzeugt, die heiter resignierend, gelassen und souverän über die Zukunft plaudern *(sie klappt ihren Sonnen-*

schirm wieder zu und beschreibt mit ihm einen Kreis im Kies) und die das Leben nehmen, so, wie es nun einmal ist, so wie der alte Briest, *(lacht)* dieser zahnlose Tiger.

Charlotte Birch-Pfeiffer: *(unterbricht sie)* Genau. »Das ist ein weites Feld!« Meistens wird das Zitat von Politikern verwendet, die sich nicht mit Details herumschlagen wollen. Eine Ausrede, bei der man ganz nebenbei noch ein wenig Bildung demonstrieren kann.

Hedwig Dohm: *(die Aussage ignorierend)* Die sich das Leben nehmen, sind dann aber doch nicht immer heiter und gelassen, oder?

Johanna Kinkel lässt das Buch sinken, seufzt und blickt starr geradeaus.

E. Marlitt: Das ist wohl auch ein weites Feld. Wenn ich mich an »Graf Petöfy« erinnere, so geht der ja doch mit Gelassenheit in den Tod. Habe ich recht?

Marie von Ebner-Eschenbach: Das war jetzt kein gutes Stichwort. Wenn ich an den »Graf Petöfy« denke, dann kann ich mich jedes Mal ärgern, wie oberflächlich und mit wie wenig Wissen Fontane über die katholische Mentalität urteilt. Sehr weit her war es mit seiner Bildung nicht. *(sie macht eine wegwerfende Handbewegung)* Kein Examen, was sag ich, keine Matura!

Fanny Lewald: *(ignoriert den Einwurf)* So schlecht finde ich die Geschichte nicht. Dass die Forschung kein gutes Haar an dem Roman gelassen hat, sagt ja nicht unbedingt etwas über seine Qualität aus.

E. Marlitt: *(ungeduldig)* Ich bitte Sie! Die ganze Geschichte ist doch verlogen. Wenn ich so etwas geschrieben hätte, dann hätten sich alle Rezensenten auf mich gestürzt. »Typischer Marlitt-Kitsch«, das wären noch die harmloseren Urteile gewesen. *(sie wirft ihren Schal auf den Boden)*

Marie von Ebner-Eschenbach: Echauffieren Sie sich nicht, meine Liebe. Erst, wenn man älter ist, begreift man die Überlegungen sowohl des Grafen als auch seiner Schwester. *(wendet sich an Fanny Lewald)* Sie haben Recht. Apropos Qualität. Wo ist eigentlich hier dieser berühmte Sizilianische Garten? Weiß das jemand?

Hedwig Dohm: *(steht auf und deutet Richtung Westen)* Selbstverständlich. Wir müssen uns nur nach rechts wenden, dann kommen wir zum Nordischen und zum Sizilianischen Garten.

Fanny Lewald: Wenn Sie mich fragen, ich finde ja die beiden Ginkgobäume im Nordischen Garten viel beeindruckender als die eingekübelten Lorbeerbäume. Wenn ich mich an meine Italienreise erinnere, 1845 war das, dann sehe ich immer zuerst all die herrlichen Oleander- und Olivenbäume, die Zypressen und Palmen vor mir. *(sie öffnet jetzt ihren großen Spitzenfächer)*

E. Marlitt: Ihre Reiseberichte aus Italien waren Ihr erster großer Erfolg, stimmt's?

Fanny Lewald: Aber nein. Damals war ich schon bekannt. Meine Romane »Clementine« und »Jenny« hatten so hohe Auflagen, dass ich die Reise bequem davon bezahlen konnte.

E. Marlitt: Dann haben Sie gut verhandelt. Wie viel hat man Ihnen denn für den Bogen bezahlt?

Fanny Lewald: Zehn Friedrichsdor. 4000 war die Auflage. *(lacht stolz)* Ja, der junge Fontane zeigte sich höchst beeindruckt davon. Und als ich 1851 meine Reisenotizen »England und Schottland« veröffentlicht habe, war ich sehr viel erfolgreicher als Fontane mit seinen Beobachtungen. Das hat ihn sicherlich gewurmt.

Marie von Ebner-Eschenbach: Ja, denn eigentlich hat er von uns schriftstellernden Frauen wenig gehalten.

Hedwig Dohm: *(lacht)* Wir waren ja die Konkurrenz. Das haben alle Schriftsteller so gesehen. Meine Lustspiele haben Fontane übrigens gut gefallen.

Fanny Lewald: *(klappt ihren Fächer wieder zu)* Schreiben war sein Beruf. Und er musste von seiner Arbeit auch seine Frau und seine Kinder ernähren. Eine Familie war für ihn wichtig. Dafür wollte er sogar nach Amerika auswandern oder Eisenbahnschaffner werden.

Hedwig Dohm: *(spitz)* Sehen Sie. Unsereins hätte so etwas noch nicht einmal überlegen können. Tja, das Geld. Unser häufigster Gast war der Gerichtsvollzieher. Ach, ich kann mich noch gut erinnern, dass die Kinder einen Indianertanz aufgeführt haben, als er das Klavier gepfändet hat. Sie waren froh, dass sie keinen Unterricht mehr hatten. *(seufzt)* Leider kann man meistens vom Schreiben nicht leben!

E. Marlitt: Ja, wie hat Fontane einmal gesagt: »Moral ist gut, Erbschaft ist besser«. Eine Familie ernähren zu müssen, ist zugegeben als Autor nicht einfach. Aber auch wir ledigen Frauen waren gezwungen, unseren Lebensunterhalt zu verdienen. Also, kein falsches Mitleid.

Fanny Lewald: *(an die Marlitt gerichtet, bissig)* Sie haben doch auch sehr üppig leben können von all ihren Aschenputtelgeschichten.

Hedwig Dohm: *(steht auf, geht zu einem der Schlossfenster, das aber keinen Blick ins Innere freigibt und dreht sich deshalb enttäuscht um)* Wie Fontane das gemacht hat. Er hat ein Dutzend Eisen im Feuer gehabt, als Journalist meine ich. Und seine Novellen und Romane hat er mal bei der einen und mal bei der anderen Zeitung herausgegeben. Ich sage nur »Kreuzzeitung« – etwas Reaktionäreres gab es selbst in Preußen nicht!

Fanny Lewald: Ja, mit dem Pressewesen kannte Fontane sich aus.

Charlotte Birch-Pfeiffer: »Man ist ja heutzutage immer nur solange gekannt, wie man in der Zeitung steht, gleichviel ob als Minister oder Bonbon-Fabrikant.« *(sie schwenkt ihr Ridikül)* Der Spruch ist von ihm.

Hedwig Dohm: Nur, als Frau, da hatte man in der Zeitung nichts verloren.

Fanny Lewald: »... zuletzt wollen alle Menschen ihre Namen in der Zeitung sehen.« Es gibt viele solcher Aussprüche von Fontane, an die ich mich erinnere. Er hat das in London kennengelernt. Die Macht der Zeitungen war in England damals schon viel größer.

Hedwig Dohm: Und die der Zeitschriften. Die »Effi Briest« ist 1894 auch als Fortsetzungsroman zunächst in der »Deutschen Rundschau« erschienen.

E. Marlitt: Da war Fontane gar nicht kleinlich. Er hat seine Geschichten mal als Novelle oder als Erzählung oder als Roman angeboten. Je nachdem, was der Verleger brauchte. Er wusste genau, worauf man bei den Zeitungen und Zeitschriften Wert legte. Schließlich hatte er jahrzehntelange Erfahrung mit den Presseorganen.

Fanny Lewald: *(nickt schmunzelnd)* Und wenn man überlegt, dass ein Heer von Germanisten ihr Brot der Tatsache verdankt, dass sich der pragmatische Fontane stets nach den Regeln des Zeitschriftenmarktes gerichtet hat, dann ...

Marie von Ebner-Eschenbach: *(rasch, während sie sich vorbeugt)* Regeln, die wiederum von den meisten Literaturwissenschaftlern bis in die Gegenwart ignoriert werden. Deshalb können viele aus dieser Zunft noch heute über die Bedeutung der berühmten Kapitelschlüsse spekulieren und bei manchem Motiv im Nebel stochern.

Charlotte Birch-Pfeiffer: *(seufzend)* Ja, die Germanisten ...

Hedwig Dohm: *(fällt ihr ins Wort)* Und Germanistinnen. Wir wollen doch gendermäßig korrekt bleiben.

Johanna Kinkel blickt gespannt auf Hedwig Dohm, die sich wieder auf ihren Stuhl setzt. Da zieht ein vorbeifliegender Schmetterling plötzlich alle Aufmerksamkeit der Damen auf sich.

Charlotte Birch-Pfeiffer: Über eine immense Lebenserfahrung verfügen, die ein zuverlässiger Lebenskompass ist, ist das das Geheimnis seines Erfolgs? Haben Sie eigentlich auch Mathilde von Rohr eingeladen?

Der Schmetterling lässt sich auf Johanna Kinkels Reisetasche nieder.

E. Marlitt: Wenn man sich das Personal seiner Geschichten ansieht, dann ist die Vielfalt schon beeindruckend. Vom Kleinkind bis zum Urahn, Adel, Groß- und Kleinbürgertum, die Unterschicht aus der Großstadt und aus dem Dorf. Es ist alles vertreten. Und jede Figur hat ein ganz unverwechselbares Profil.

Fanny Lewald: Vieles ist wohl auch autobiographisch.

Hedwig Dohm: Das hat Fontane aber nie zugegeben. Wie er ja auch seine Jugendsünden verschwiegen hat.

Marie von Ebner-Eschenbach: Ach Gott, wer macht das nicht! Bloß die Germanisten haben sich schwergetan mit Fontanes unehelichen Kindern.

Fanny Lewald: *(sehr energisch)* Ja, von wegen! Die Familie, seine Frau, seine Kinder und die ganze Mischpoke, alle haben sich am Briefe Zensieren, ja Vernichten, am Verstecken und Verleugnen beteiligt.

Charlotte Birch-Pfeiffer: *(zuckt die Achseln)* Tempi passati! Um die eigenen Schwächen wissen, sie nicht verleugnen? Ist das das Geheimnis des Erfolgs?

Hedwig Dohm: *(energisch)* Was reden Sie für einen Blödsinn. Ganz sicher nicht.

E. Marlitt: Ja. Er hat sogar in der »Gartenlaube« publiziert. Sein Roman »Quitt« ist 1890 in, ich glaube elf Folgen, vorabgedruckt worden und schon 1885 hat Ernst Keil, mein Verleger, Fontanes Kriminalgeschichte »Unterm Birnbaum« veröffentlichen lassen. *(seufzt, nachdenklich)* In diesem Jahr ist von mir die »Frau mit den Karfunkelsteinen« erschienen.

Marie von Ebner-Eschenbach: *(lacht)* Ihre Auflage war bestimmt höher.

Fanny Lewald: *(boshaft)* Wie hat Fontane seinen Entschluss, für die »Gartenlaube« zu schreiben, begründet: Die Schüssel, aus der 30.000 Deutsche essen, sei auch für ihn gut genug.

E. Marlitt: *(etwas pikiert)* Und das Bogenschinden, das hat er besonders gut verstanden. Immer diese langatmigen Gespräche über die preußische Geschichte und über Bismarcks Entscheidungen. Und trotzdem sind Fontanes Erzählungen bis heute noch immer Schullektüre. Mich dagegen liest heute niemand mehr.

Johanna Kinkel seufzt tief und nickt.

Hedwig Dohm: *(steht auf und rückt ihren großen Sonnenhut zurecht)* Schullektüre, Fontane? Sicher nur in Bayern.

Marie von Ebner-Eschenbach: *(würdevoll)* Sicher auch im gesamten deutschsprachigen Raum. *(während sie Hedwig Dohms Hutkreation betrachtet)* Wo haben Sie diesen sensationellen Hut erstanden?

Bevor Hedwig Dohm antworten kann ...

Charlotte Birch-Pfeiffer: *(wendet sich an Fanny Lewald)* Hat er über Sie nicht einen Lexikonartikel verfasst? *(bitter)* Für andere Autorinnen hat er sich ja nicht interessiert, bloß für so ein paar alberne Schauspielerinnen. Fontane, der Dichter für alte Leute.

Hedwig Dohm: Einspruch, Euer Ehren! Auch wir werden schließlich nicht als junge Mädchen wahrgenommen! Wir sitzen im gleichen Boot.

Marie von Ebner-Eschenbach: *(mit besonderem Nachdruck)* Jung sein ist schön, alt sein bequem.

Fanny Lewald: *(lacht)* Das stimmt. Fontane war ein weiser alter Mann. Wie lautete sein Rezept? »Vieles kann man entbehren, wenn man 2erlei hat: Schlaf und Abwesenheit von Ärger.«

Charlotte Birch-Pfeiffer: *(sie zitiert, jetzt auch lachend, mit großer Geste)* »Siebzig kann jeder werden, wenn er einen leidlichen Magen hat.«

E. Marlitt: Mit Sprüchen dieser Art könnte er heute so eine – ich glaube, man nennt es »Fernsehshow« – moderieren.

Hedwig Dohm: Und die Altersweisheiten anschließend als Buch verkaufen, nach dem Motto »Glücklich Altwerden mit Theodor Fontane«.

Marie von Ebner-Eschenbach: Ach ja, die Altersweisheit! Fontane hatte aber auch schon immer ein Händchen für die richtigen Themen und Konflikte. Das gilt übrigens nicht nur für seine Prosa, sondern auch für seine Balladen, die ich sehr bewundere.

Fanny Lewald: Damit hatte er in Berlin in den verschiedensten gesellschaftlichen Zirkeln von Anfang an immer schon großen Erfolg.

E. Marlitt: *(wendet sich an Fanny Lewald)* Stimmt es eigentlich, dass Sie einen Roman über den jungen revolutionären Fontane schreiben wollten?

Auch Johanna Kinkel blickt Fanny Lewald überrascht an.

Marie von Ebner-Eschenbach: *(klappt ihren Sonnenschirm wieder auf)* Ach, was Sie nicht sagen!

Fanny Lewald: *(nickt)* Ja, das ist richtig. Aber eigentlich war es gar nicht meine Idee, sondern die meines Mannes, Adolf Stahr.

Er meinte, ich solle einen Revolutionsroman schreiben. Einen Titel gab es auch schon: »Der Offizier«.

Marie von Ebner-Eschenbach: Offizier? Da brauchten Sie aber einen anderen Helden. Der Fontane hatte ja noch nicht einmal die Matura, Abitur sagen Sie hier, stimmt's?

Fanny Lewald: Fontanes bester Freund Bernhard von Lepel wäre der Offizier gewesen.

E. Marlitt: Lepel. Alter Adel. Naja, man weiß nicht, worin er der größere Versager war: bei seiner Militärkarriere oder seinen schriftstellerischen Bemühungen.

Charlotte Birch-Pfeiffer: Aber er war der beste Freund, den Fontane haben konnte. *(mit Nachdruck)* Und Geld hatte der auch!

Fanny Lewald: In diesem Roman sollte Fontane als Freund aus dem Volk, als Freiwilliger in Lepels Kompanie, sich gegen einen Schießbefehl des Freundes stellen und diesen damit in einen unlösbaren Konflikt stürzen.

Marie von Ebner-Eschenbach: *(trocken)* Jetzt weiß ich, warum Sie den Roman nicht geschrieben haben. *(sie beugt sich vor)* Seien's mir nicht bös. Aber es ist besser gewesen.

Charlotte Birch-Pfeiffer: Sonst gab es nur noch jüdische Freunde und Förderer: Wolfssohn, Friedlaender ... Haben Sie eigentlich auch Mathilde von Rohr eingeladen?

Hedwig Dohm: *(geht darauf nicht ein)* Ja, ja, man war ja stets sehr patriotisch gesonnen. Und seine Vorbehalte gegen Juden hat er ja auch nur brieflich oder in ganz kleinen Zirkeln geäußert.

Fanny Lewald: Ja, ich weiß. Etwa in den Briefen an seine Tochter: »Ich ... umschlendere ... den Leipziger Platz ... und ... kucke mir die Jüdinnen an, die unterm Zelt im Hotel Bellevue soupieren.« *(überlegt eine Weile, während sie sich mit dem Fächer Luft zuwedelt)* Ich meine, in den neunziger Jahren war das.

Hedwig Dohm: Friedlaender war ein guter Freund von ihm. Fontane hat ihn sehr geschätzt. Ich erinnere mich, wie er über ihn geurteilt hat: »Er ist aber ganz Jude. Freilich mir dadurch auch wieder sehr interessant, weil ich das Jüdische an ihm … so wundervoll studieren kann. Preußentum, Berlinertum … Bildungsallüren … alles geht unter im Juden oder erhält durch ihn eine bestimmte Färbung.«

Fanny Lewald: Lassen Sie mich raten. Auch das hat er seiner Tochter mitgeteilt, oder?

Hedwig Dohm: *(nickt)* Ja, als Fontane in Karlsbad war, im August 1895 war das. Die reichen jüdischen Kurgäste in den böhmischen Bädern, die haben ihn wohl schon sehr gestört.

Fanny Lewald: Klar, Neureiche, Kriegsgewinnler …

Marie von Ebner-Eschenbach: So, so, Sie würden also den Fontane-Ausspruch »Gute Sitte, Religion, Takt, alles umsonst; der Mensch bleibt, wie er ist.« präferieren?

Fanny Lewald: Selbstverständlich. Sie etwa nicht?

Eine Schar Schwäne überfliegt sie. Die Damen sehen ihnen nach, wie sie Richtung Friedensteich verschwinden.

Charlotte Birch-Pfeiffer: Wie hat er eigentlich gearbeitet? Konkret, meine ich? Hat er viele Fassungen geschrieben oder alles gleich ins Reine? Weiß das jemand?

Fanny Lewald: Er hat wohl viel exzerpiert und dann ausgeschnitten, neu zusammengeklebt.

Hedwig Dohm: *(lacht etwas schadenfroh)* Na, so ähnlich, wie für seine Spitzelartikel aus London.

Fanny Lewald: *(unbeeindruckt)* Und er hat gewusst, was beim Publikum ankommt. Ausflugslokale, eine neue Bahnlinie, Theateraufführungen, Opern – Fontane war immer up to date.

Hedwig Dohm: Ja, zum Beispiel Mozarts »Zauberflöte«, nach der die adeligen Schwerenöter in »Stine« benannt sind.

Charlotte Birch-Pfeiffer:*(trällert)* Papapapapageno. Das war der olle Graf, der die Schwester von Stine ausgehalten hat oder nein, der nannte sich Sarastro *(steht auf und beginnt zu singen)* »In diesen heiligen Hallen ...«

Marie von Ebner-Eschenbach: *(ungeduldig)* Danke, danke. War die Oper für die Berliner denn neu? *(zieht die Augenbrauen hoch und seufzt arrogant)* Dass man hier so rückständig ist, hätte ich nicht für möglich gehalten.

Charlotte Birch-Pfeiffer: *(fällt ihr ins Wort)* ... ja, oder Schiller-Gedichte, Informationen zu Heinrich Schliemann oder zu den Hohenzollern-Prinzessinnen, für die sich die Berliner interessierten.

Fanny Lewald: Fontane war Autodidakt. Er hatte kein Studium. Vielleicht war er deshalb so neugierig auf alles und auch so unvoreingenommen.

E. Marlitt: Aber nicht uns Frauen gegenüber. Er hat zwar unseren Alltag beschrieben, mitunter behutsam und zurückhaltend ...

Hedwig Dohm: *(unterbricht sie)* ... oder das, was er dafür hielt ...

Fanny Lewald: *(fällt ihr ins Wort)* Immerhin hat er zukünftige Apothekerinnen ausgebildet.

Charlotte Birch-Pfeiffer: Ach, tatsächlich?

Fanny Lewald: Ja, im Bethanien-Krankenhaus.

E. Marlitt: *(unbeeindruckt)* Er hat weibliche Ängste formuliert, er hat unser Innenleben ausgeleuchtet und unsere Wünsche und Begierden einfühlsam in Bilder und Symbole verschlüsselt geschildert. Alles immer sehr dezent.

Hedwig Dohm: *(spitz)* Ja, so sollten auch wir Frauen schreiben.

E. Marlitt: *(lacht)* Aber bitteschön noch viel zurückhaltender. Warum glauben Sie, habe ich zunächst an meinem besonderen Pseudonym festgehalten? »E-Punkt Marlitt«, dahinter konnte sich auch ein männlicher Autor verbergen. Nur so gelang mir der Einstieg. Und ich habe nie mit meinem Erfolg geprahlt. Das durfte man als Frau nicht. Als »scheu und unaufdringlich« lobten mich deshalb auch die Kritiker, die ansonsten meine Romane verrissen.

Hedwig Dohm: Doch wehe, wenn wir uns nicht an die männlichen Vorgaben hielten! Ein Kritiker hat über meine Satiren geurteilt: »Was sie an niedlichen Spitzen, an sprühenden Aperçus über die Gesellschaft des Berliner Westens zum Besten gibt, das zeugt von angeborener Bosheit.« *(wiederholt mit Betonung)* angeborener Bosheit. Nicht gerade schmeichelhaft, finden Sie nicht auch? *(energisch)* Aber typisch!

Fanny Lewald: Als Frau darf man zwar auch weibliche Gefühle schildern, doch Gesellschaftskritik – das bleibt Sache der Männer. *(mit Nachdruck)* Aber Fontane war nicht so.

Hedwig Dohm: *(mit Bitterkeit)* Den Herren passte außerdem mein Erfolg nicht.

Fanny Lewald: *(wieder mit Nachdruck)* Das gilt aber nicht für Fontane.

Marie von Ebner-Eschenbach: Was haben Sie auch erwartet! Eine gescheite Frau hat Millionen geborener Feinde: – alle dummen Männer. *(wendet sich an die anderen, mit Nachdruck)* Dieser Aphorismus ist von mir.

Hedwig Dohm: Tja, als intellektueller Aphoristiker ist Fontane nicht in Erscheinung getreten. Diese Palme gebührt Ihnen allein.

Marie von Ebner-Eschenbach: Fontane war ein versierter Politiker. Jahrzehntelang hat er als Journalist im Ausland gearbeitet, hat der preußischen Regierung als Vermittler gedient. Bis zu seinem Tod erhielt er dafür Geld und wurde als »OM« geführt.

Charlotte Birch-Pfeiffer: Du lieber Himmel, OM, was bedeutet das denn?

Marie von Ebner-Eschenbach: Offiziöser Mitarbeiter. Er hat außerdem mit Legionen von Leuten korrespondiert. Man hat mir einige der Briefe gezeigt. Fontanes Briefe lesen sich wirklich wunderbar. Das muss ich anerkennen. Sie klingen einfach, ungekünstelt. Nicht so: *(sie deutet eine übertriebene Geste mit ihrer rechten Hand an)* »Mein werter Freund. Dero an mich abgelassenes Schreiben habe richtig zu erhalten die Ehre gehabt.«

Charlotte Birch-Pfeiffer: *(kichert)* Haha, diese Formulierung ist garantiert von einem preußischen Minister. Fontane besaß gar nicht die Zeit für solche Umständlichkeiten.

Fanny Lewald: *(klappt ihren Fächer zu)*. Das ist richtig. *(schwärmerisch)* Fontanes Briefe sind kleine Kunstwerke. Als Korrespondent ist er der Charmeur, der Plauderer, der frankophile Schöngeist, aber auch der interessierte Journalist, der genau wusste, wie man an Informationen kommt.

Marie von Ebner-Eschenbach: Spitzeldienste, hat man das bei uns genannt.

E. Marlitt: Glauben Sie wirklich, er hat ...

Marie von Ebner-Eschenbach: *(zuckt vielsagend die Schultern)*

Hedwig Dohm: Umfangreiche Korrespondenzen hatten wir doch alle. Aber wir mussten unsere Briefe selbst schreiben. Bei Fontane hat vieles seine Frau für ihn abgeschrieben, einiges auch seine Tochter.

Fanny Lewald: Aber doch nicht die Privatbriefe!

Hedwig Dohm: Nun, da bin ich mir nicht sicher. Die gute Emilie war in fast alles eingeweiht. *(zuckt die Achseln)* Ob sie aber etwas von den politischen Verhältnissen verstanden hat ... *(gedehnt)* das weiß ich nicht.

Eine Wespe zieht alle Aufmerksamkeit auf sich. Fanny Lewald vertreibt sie mit ihrem Fächer.

Marie von Ebner-Eschenbach: *(wechselt das Thema)* Weil das Deutsche Reich, 1871 gegründet, nicht automatisch ein echtes Zusammengehörigkeitsgefühl entwickeln konnte, setzte Fontane auf die identitätsstiftenden »alten Preußen«: die militärischen Haudegen, den alten Zieten und den alten Dessauer, auf den Soldatenkönig und immer wieder auf Friedrich den Großen.

Fanny Lewald: *(rasch)* Der liegt ja jetzt gleich da drüben, der alte Fritz, neben seinen Hunden.

E. Marlitt: Ach, das ist ja fürchterlich. Das habe ich nicht gewusst. Seit wann denn?

Fanny Lewald: Seit 1991. Das war damals der Aufreger. 60.000 Besucher defilierten an den Särgen vorbei. Ja, und der Bundeskanzler war natürlich auch dabei.

Charlotte Birch-Pfeiffer: Und er war ein herausragender Theaterkritiker.

E. Marlitt: *(leicht irritiert)* Wer? König Friedrich? Das ist mir neu.

Charlotte Birch-Pfeiffer: Blödsinn. Ich meine doch Fontane.

Fanny Lewald: Das sagen Sie jetzt nur, weil er Ihre Stücke immer positiv besprochen hat.

Charlotte Birch-Pfeiffer: *(mit Bitterkeit)* Immer? Von wegen! Meiner »hohlen Sprache« fehle es an Natürlichkeit. »Stöckrig, hochstelzig, ungeschickt« zöge mein Dialog am Publikum vorbei, *(lauter werdend)* »und pufft und stößt uns, als führen wir auf einem Knüppeldamm,« hat er einmal über eines meiner Stücke geschrieben.

Fanny Lewald: *(unterdrückt ein Lachen)* Nun, originell ist der Vergleich aber schon. Das müssen Sie doch zugeben.

Hedwig Dohm: Da haben Sie ausnahmsweise Recht. Es stimmt.

Seine Kritiken waren amüsant. Woran starb die Heldin? Am zweiten Akt.

Charlotte Birch-Pfeiffer: Königliches Schauspielhaus am Gendarmenmarkt, Parkett, Eckplatz Nr. 23. *(mit Betonung)* Zwanzig Jahre hat er dort gesessen.

Hedwig Dohm: Solange haben Sie dort aber nicht gespielt.

Marie von Ebner-Eschenbach: *(klappt ihren Sonnenschirm wieder zu)* Gut geschrieben sind Fontanes Theaterkritiken. Amüsant, mit viel Substanz. Aber alles ein abgekartetes Spiel, habe ich mir sagen lassen. Also bei uns in Wien, *(sie zieht ihre Handschuhe straff)* da hätte dieser Herr von Hülsen – Name ist Programm, kann ich da nur sagen – keine Chance gehabt.

E. Marlitt: *(verwirrt)* Wer war das denn?

Marie von Ebner-Eschenbach: Botho von Hülsen war der Generalintendant der Königlichen Schauspiele, ein altadeliger Trottel, Liebling des Kaisers, der von Theater überhaupt keine Ahnung hatte.

Charlotte Birch-Pfeiffer: *(nickt)* Ein schrecklicher Typ. Nur langweilige altmodische Stücke ließ er aufführen.

Hedwig Dohm: Doch Fontane hat das Beste draus gemacht. Nie hat er seine Leser mit akademischen Plattitüden gelangweilt.

E. Marlitt: Ja, er wusste sich immer gut anzupassen.

Fanny Lewald: Aber er schrieb doch ziemlich unabhängig. Gegen alle anderen hat er die jungen Schriftsteller, vor allem den revolutionären Gerhart Hauptmann verteidigt. Das war sehr mutig.

Charlotte Birch-Pfeiffer: Den »neuen Räuberhauptmann« hat Fontane ihn genannt.

Hedwig Dohm: Nur mit Kleist hat er sich schwergetan.

Fanny Lewald: Richtig. Ich erinnere mich an den Abschnitt in den Wanderungen. Geschickt lässt er seinen Erzähler eine Familie an Kleists Grab begleiten.

Charlotte Birch-Pfeiffer: *(hilflos)* Ich habe nix verstanden.

Marie von Ebner-Eschenbach: *(zieht die Augenbrauen hoch)* Meine Damen. Sie schweifen ab. Wir haben über Fontane als Theaterkritiker gesprochen und da kann ich nur sagen, er hat über einige Kleistdramen sehr positiv geurteilt. *(zuckt mit den Achseln)* Wenn die Schauspieler schlecht sind und der Regisseur ein Stümper, kann ja der Kleist nichts dafür.

Fanny Lewald: Und die »Marquise von O« hat er eine Meisterarbeit genannt, Fontane, meine ich.

Charlotte Birch-Pfeiffer: *(spitz)* Uns Frauen hat er aber nicht so vehement verteidigt. Jede Spielzeit habe ich ein Stück geliefert. Das avancierte regelmäßig zum Saisonstück. Die Schauspieler liebten die von mir erfundenen Rollen. Sie waren bühnenwirksam und garantierten Erfolge. *(sie zuckt die Schultern)* Gut, für die Unsterblichkeit habe ich sie nicht verfasst.

E. Marlitt: Ja, das war bei den männlichen Autoren auch nicht immer der Fall. Trotzdem, ich bleibe dabei. Die Herren der Schöpfung hatten es leichter als wir Frauen.

Die Damen schweigen einen Moment und beobachten das Spiel der großen Wasserfontäne. Auf dem Mäuerchen haben sich zwei Sperlinge niedergelassen, die die merkwürdigen Erscheinungen in den opulenten Kleidern neugierig beäugen.

Fanny Lewald: *(bitter)* Und wenn man uns überhaupt noch erwähnt, dann bestenfalls im Vergleich mit einem Fontane-Text.

Hedwig Dohm: Klar, wir schneiden immer schlecht ab.

Fanny Lewald: *(nickt)* Genau. Ich denke da gerade an meinen Roman »Wandlungen«. Fontanes »Irrungen, Wirrungen« ist das Maß. Höchstens wird in der Forschung betont, dass ich in meinem umfangreichen Roman detailliert Betrachtungen zur Frauenerziehung eingefügt habe und man bedauert, dass sie bei Fontane in »Irrungen, Wirrungen« fehlen. Fontane arbeite, so die Forschung, zwar auch mit trivialen Motiven, Themen und Stoffen, *(lebhafter)* doch bei ihm ist es immer ein bewusstes Einsetzen, ein Stilmittel, ein poetisches Element.

Hedwig Dohm: *(lacht)* Bei unser einem ist es Unfähigkeit.

Fanny Lewald: Das hat mich schon getroffen, zumal ich so viel für Fontane getan habe.

Charlotte Birch-Pfeiffer: Nun, für diese Rezensionen kann doch der arme Fontane nichts.

Fanny Lewald: *(hat nicht zugehört)* Ich habe mich um eine Apothekenlizenz für Berlin bemüht. Fontane hat von uns auch materielle Zuwendungen erhalten und ich habe immer darauf geachtet, ihn mit wichtigen Leuten in Kontakt zu bringen.

Marie von Ebner-Eschenbach: Sie waren also eine – so sagt man wohl heute – eine Networkerin.

Fanny Lewald: Damals, ja. Heute erscheine ich bestenfalls als Randnotiz in der Fontane-Forschung.

E. Marlitt: *(nickt zustimmend)* Ja, bei mir ist es ähnlich. Das bezieht sich auf meine »Goldelse« Mein Roman ist 1866 erschienen und wurde später mit »Irrungen, Wirrungen« verglichen. Dass Fontane seine Geschichte erst 1887 veröffentlicht hat, spielte für die Kritiker keine Rolle. Sie lobten Fontanes Geschichte, weil sie eben nicht nur den privaten Fall von Lene und Botho darstelle, sondern weit über das Klischee hinaus dessen gesellschaftliche Dimensionen verdeutliche. Dreimal dürfen Sie raten, wer das Klischee vertritt.

Hedwig Dohm: Auch bei den Verlagsverhandlungen hat man versucht, uns Frauen über den Tisch zu ziehen.

Fanny Lewald: *(zuckt die Achseln)* Nun, wenn Sie sich übervorteilen ließen ... Auch wir Frauen konnten Honorare aushandeln.

Charlotte Birch-Pfeiffer: Sie vielleicht. Die meisten Frauen aber nicht.

Hedwig Dohm: Nun, reich werden, das konnte man mit dem Schreiben sowieso nicht. Ich bin es auch nicht mit der Zeitung meines Mannes geworden. Zwar war der »Kladderadatsch« ein außerordentlich bekanntes Satiremagazin, aber außer Schulden, Prozessen und jede Menge Ärger brachte er nicht viel ein. *(überlegt einen Moment, dann lachend)* Doch, ja – viele, viele Begegnungen mit interessanten Menschen. Und diese Kontakte waren gerade für mich als Frau ganz wichtig.

Marie von Ebner-Eschenbach: Hat man nicht Fontane im »Kladderadatsch« als Altpreußischen Konservativen karikiert?

Hedwig Dohm: *(lachend)* Ja, das war während seiner Zeit im Dienst der konservativen Kreuzzeitung. 1862, als das preußische Parlament aufgelöst worden ist, hat er für die Altkonservativen kandidiert. Später war ihm das nur peinlich.

Fanny Lewald: Aber da wären wir wieder beim Thema – Kontakte hat sie ihm gebracht

E. Marlitt: *(richtet sich in ihrem Stuhl kerzengerade auf)* Nun. Ich hatte nicht viele solcher Kontakte. Aber mein Verleger war immer sehr großzügig.

Charlotte Birch-Pfeiffer: Meiner nicht!

Marie von Ebner-Eschenbach: Fontane hat auch sehr gezielt seine Rezensionsexemplare selbst verschickt, den Kritikern geschmeichelt und das eine oder andere bereits über den Text verraten.

Fanny Lewald: *(lachend)* Ja, das stimmt. Ich erinnere mich an einen Ausspruch von Paul Schlenther. Fontane hat ihm das Exemplar der »Poggenpuhls« zugeschickt und dazu geschrieben, das Buch habe zwei Vorzüge, es sei erstens kurz und es werde zweitens darin nicht geschossen.

Hedwig Dohm: Vor allem, dass er die Kürze betont, zeigt, dass er um das Problem aller Rezensenten wusste.

Marie von Ebner-Eschenbach: *(seufzend)* Aus leidvoller Erfahrung.

E. Marlitt: Gewurmt hat ihn mein Erfolg aber sehr. Und dass man meine Texte übersetzt hat, das auch, das hat er in einem Brief an seine Frau ausdrücklich vermerkt.

Marie von Ebner-Eschenbach: *(arrogant)* Nun ja, seine Texte sind ja auch in vieler Hinsicht sehr regional begrenzt vermittelbar. Du meine Güte, wer interessiert sich schon für die Ahnen irgend so einer drittklassigen preußischen Adelsfamilie!

Fanny Lewald *(lachend)*: Die fühlten sich aber alle ungeheuer aufgewertet, wenn sie in den Reisebeschreibungen des »preußischen Engländers«, wie ihn ein Kritiker nannte, erwähnt wurden.

Hedwig Dohm: *(spitz)* Und jetzt ist Fontane so wichtig, dass es sogar Krimis gibt, in denen er vorkommt.

E. Marlitt: *(überrascht)* Ach, was Sie nicht sagen.

Charlotte Birch-Pfeiffer: Das habe ich auch gehört. Aber Krimis. Das ist eine Buchform, in der heute fast jeder brilliert.

Fanny Lewald: *(fällt ihr ins Wort)* ... Übrigens ein Genre, in dem überwiegend Frauen schreiben.

Hedwig Dohm: Nicht über Fontane. Sonst hätte der erste Band nicht so einen dümmlichen Titel: »Altweibersommer«! Bei Frank Goyke ermittelt Fontane jetzt schon im vierten oder fünften Fall.

Marie von Ebner-Eschenbach: Aber die Leute lesen das. Dann überlegen sie, ob sie den Autor kennen und dann kaufen sie gleich noch ein Buch von ihm.

Hedwig Dohm: Und weil es in seiner bekanntesten Ballade um Birnen geht, sind die jetzt ein großer Verkaufsschlager in Brandenburg. *(kramt in ihrem Pompadour und zieht eine Birne heraus, die sie triumphierend hochhält)*

Fanny Lewald: So etwas wie der »Herr von Ribbeck auf Ribbeck im Havelland«, das muss einem erst einmal einfallen.

Marie von Ebner-Eschenbach: Aber die Vermarktung, das ist doch das Entscheidende. Bei mir war es höchstens der »Krambambuli«, so wie bei Ihnen *(sie wendet sich an die Marlitt)* »Das Geheimnis der alten Mamsell«.

Fanny Lewald: Von mir ist gar nichts übrig geblieben.

Johanna Kinkel nickt, dann steht sie auf und nimmt ihre große Reisetasche.

Charlotte Bircher-Pfeiffer: Von mir auch nicht, obwohl ich – hoffentlich habe ich es noch richtig im Kopf – neunzig Theaterstücke geschrieben habe. Die einzige Figur, die überlebt hat, habe nicht ich, sondern meine Tochter erfunden: die Geierwally. Das Stück übrigens hat Fontane geradezu enthusiastisch gelobt.

Hedwig Dohm: Ich hatte diesen Sommer meinen hundertsten Todestag. Das interessierte auch niemanden. Aber unserem guten Fontane wird zu seinem zweihundertsten Geburtstag überall der rote Teppich ausgerollt werden.

Eine Gruppe nähert sich winkend: Ida Gräfin Hahn-Hahn (1805 – 1880), Louise Aston (1814-1871), Bettina von Arnim (1785-1859), Louise von François (1817 – 1893), Clara Viebig (1860-1952). Johanna Kinkel springt auf und läuft den fünf Frauen entgegen.

Hedwig Dohm: Du lieber Himmel! Die Damen hatte ich ganz vergessen. Die wollten ja auch noch etwas zu Fontane sagen.

Marie von Ebner-Eschenbach: Aha, nach dem Motto dieses Münchner Komikers, mit dem ich mich kürzlich unterhalten habe, Karl Valentin. Wie sagte er: »Es ist schon alles gesagt, aber noch nicht von allen.«

Johanna Kinkel: (*entnimmt ihrer Reisetasche ein Buch und hält es hoch*) Ja. Auch mir ging es wie Ihnen. Ich werde nur noch in Zusammenhang mit Fontane überhaupt erwähnt. Dabei sind sich viele Forscher, vor allem viele Forscherinnen, heute einig, dass der von mir verfasste Roman »Hans Ibeles in London« ein ganz großartiger Exilroman ist.

Hedwig Dohm: *(überrascht)* Tatsächlich!

Charlotte Birch-Pfeiffer: *(unterbricht)* Wollten Sie nicht noch in den Sizilianischen Garten? Ich glaube, es wird Zeit, sonst schließt man uns hier ein.

Fanny Lewald: *(lachend)* Ja, und wir haben kein Veloziped oder Fahrrad, wie man heute wohl sagt, und müssen zu Fuß gehen.

E. Marlitt: *(steht auf)* Außerdem sind wir alle ein wenig fatiguiert von unserem Diskurs, würden Fontanes Helden sagen. Und deshalb lade ich Sie *(betont und mit einer Handbewegung auch die neu hinzugekommenen umfassend)* alle ein – ins Café Eden.

Fanny Lewald: *(rasch)* Ach, das ist doch das Restaurant am Kuhtor, an der Meierei?

Marie von Ebner-Eschenbach: *(erhebt sich mit Würde und spannt ihren Sonnenschirm auf)* Nein, bitte keine Schäferidylle. Wir sind hier nicht auf Marie Antoinettes Spuren unterwegs.

E. Marlitt: *(lacht)* Lassen Sie sich überraschen, meine Damen. Das Café schließt zwar sonst auch um diese Zeit. Aber heute gibt es dort eine wunderbare Fontane-Lesung, von unserer Freundin Charlotte Birch-Pfeiffer. *(verbeugt sich gegen diese)* Sie ist ja auch Schauspielerin. Und wir werden mit einer herrlichen Bowle auf unseren alten Konkurrenten und lieben Freund anstoßen. (*Sie nimmt ihre Bügeltasche von der Mauer*) Heute am 20. September, wäre sein einhunderteinundzwanzigster Todestag.

Fanny Lewald: *(legt Johanna Kinkel die Hand auf die Schulter)* Und Sie müssen uns ein bisschen mehr von Ihrem Roman erzählen.

Charlotte Birch-Pfeiffer: Nun, man muss die Feste feiern, wie sie fallen und Fontanes zweihundertsten Geburtstag im Dezember können wir wohl kaum hier im Garten begehen. Haben Sie eigentlich auch Mathilde von Rohr eingeladen?

Alle gehen über die Treppe hinunter in den Park von Sanssouci, Richtung Charlottenhof.

Dort verschwinden sie spurlos. Im Café Eden jedenfalls sind sie niemals angekommen.

Folgende Werke haben mich bei der Fertigstellung meiner Dialoge besonders inspiriert:

Jens Bisky: Theodor Fontane. Eine Entdeckung, SZ, 3.1.2019.
Iwan-Michelangelo D'Aprile: Fontane. Ein Jahrhundert in Bewegung. Reinbek bei Hamburg 2018.
Regina Dieterle: Theodor Fontane. Biografie. München 2018.
Frank Goyke: Altweibersommer. Theodor Fontanes erster Fall. Berlin-Brandenburg 2011.
Günter Grass: Ein weites Feld. Göttingen 1995.
Christian Grawe: Fontane zum Vergnügen. Stuttgart 1994.
Charlotte Jolles: Theodor Fontane. Stuttgart, Weimar, 4. überarbeitete und erweiterte Aufl. 1993.
Helmuth Nürnberger: Theodor Fontane mit Selbstzeugnissen und Bilddokumenten. Reinbek bei Hamburg 2004.
Michael Ruetz: Fontanes Wanderungen durch die Mark Brandenburg. München, Wien 1987.
Burkhard Spinnen: Und alles ohne Liebe. Theodor Fontanes zeitlose Heldinnen. Frankfurt/Main 2019.

Ein ganz besonderer Dank gilt den Mitarbeiterinnen und Mitarbeitern des Fontane-Archivs in Potsdam.